OHSAMA BUNKO

本当は怖い日本史

堀江宏樹

三笠書房

はじめに……日本史が隠し持つ〝深い闇〟をひもとく本

私たちが学んだ日本史の教科書には、ある事件の原因と結果や、偉人たちの人生が理路整然とまとめられ、解説されてあります。

しかし元来、それらは海に浮かぶ氷山の一角ともいうべきものではないでしょうか。**誰もが知る日本史上の有名人たちはみな、多かれ少なかれ、教科書的な文脈では決して語られないような、深い闇を隠し持っている**ものです。

人の心は謎で満ちあふれています。

たとえば、幕末の日本において身分や組織を超えた交流を見せ、無類の人なつっこさを発揮した坂本龍馬も、見方を変えれば、その笑顔の裏で人心をコントロールし、食い物にしていたような存在です。

また「苦労人のおかみさん」として人気の豊臣秀吉の正室・おねも、信長、秀吉、家康の三英傑《さんえいけつ》のすべてに取り入り、甘え、利益を引き出すことに成功した希代《きたい》の悪女といえるでしょう。

本当の歴史を知ることは、当事者たちの心の海の闇にまで、深く下りていく行為となるのです。

そして、それには少なからず「恐ろしさ」がともなうのです。

そうした「怖いもの」として、日本の歴史において忘れてはならないのは、「**怨霊**」たちの存在でしょう。平将門《たいらのまさかど》、菅原道真、崇徳院《すとくいん》、石田三成……なぜ、彼らは怨霊になったのか？　なぜ後世の人々は、その怨霊を恐れ続けたのか？　そこにこそ、これまでの日本人の深層心理が如実に表われています。

恐れるべきは死者の怨霊だけでなく、生き霊ともいうべき人間の**愛憎の念**も忘れてはなりません。誰よりも愛した夫・源頼朝を後に誰よりも憎むようになったといえる北条政子たちの姿には、鬼気迫るものがあります。

また、闇をはらんでいるのは、誰もが知るあの「有名事件」も同じです。

正義を体現すべき**権力**にも、その背後にはつねに大いなる闇がありました。

たとえば、人間よりも犬のほうが過保護に扱われたとされる徳川綱吉時代の「お犬様」たちの大半が、実際は粗悪な「犬小屋」の中で衰弱し死んでいったこと。

江戸城・大奥での権力争いにおいて、世間知らずの御台所《みだいどころ》に憎まれ、粛清《しゅくせい》されてしまった絵島《えじま》という1人の女性の悲劇。

あるいは……後世「島原の乱」と呼ばれるようになった農民一揆においても、実は参加者たちは天草四郎その人を〝見たことがなかった〟という驚くべき事実があります。それではいったい、4万人にもおよぶ乱の参加者である農民たちは、何を信じ、何に踊らされ、その多くが命を落としたのでしょう?


このように、日本の歴史の歯車を動かしてきたのは、理性などでは語り得ない人間の心の闇でした。私たち日本人の生きてきた記録である日本史は、闇の色の糸で紡《つむ》がれた壮大なタペストリーのようなものなのです。

その闇の一つひとつを、じっくりとひもといてご覧に入れましょう。

堀江宏樹

もくじ

1章 時代を動かした、あの人物の〝知られざる真実〟

――本当はこんなに恐ろしい、こんなに裏がある

2章

いまだ解き明かされない〝謎〟は何を語る？

――「史実」はつねに、勝者が作り出してきた

3章

天下人をも震え上がらせた〝怨霊〟たち

——死後もなお〝生き続けた〟存在

4章

〝目には見えない力〟が、国も人心も動かした

——人がすがったもの、人が信じようとしたもの

5章

うずまく愛憎が、歴史の引き金を引いた瞬間

――欲と、嫉妬と、妄想と

6章

〝権力〟あるところにつねに生じる、語られぬ闇
――大きな力が動くとき、その嘘と悪も大きくなる

イラスト◎武田典子／写真提供◎ＰＰＳ通信社、共同通信社、フォトライブラリー、妙法寺

1章

時代を動かした、あの人物の〝知られざる真実〟

——本当はこんなに恐ろしい、こんなに裏がある

徳川家康は、大坂夏の陣で死んでいた？

時代を動かした人物には、その死にまつわるエピソードに、奇怪な異説がまぎれこんでいることがあります。たとえば、「大坂夏の陣」で攻撃を受けた徳川家康が、逃亡中に敵兵に討《う》たれ、絶命していたという伝承はご存じでしょうか。しかもこれには、単なる珍説としてバカにはできない、奇妙な説得力があるのです。

慶長20（1615）年5月7日、大坂城に向かって南方から進軍を続ける徳川家康らの軍勢と、それを迎え撃つ真田《さなだ》信繁《のぶしげ》ら豊臣方の軍勢との間で「天王寺《てんのうじ》・岡山の戦い」が勃発《ぼつぱつ》しました。大坂夏の陣の中でもとりわけ激烈だった戦いでした。

両軍は、天王寺界隈にある小さな丘陵・通称「茶臼山《ちやうすやま》」を挟んで対峙《たいじ》。正午頃から全面的な武力衝突が始まります。

豊臣方はかつてないほど強硬な正面攻撃をしかけてきたので、徳川家康の本陣は一気に手薄となりました。そこを狙って真田信繁率《ひき》いる少数精鋭の騎馬兵らが、一説には3回、伝承ではそれ以上の回数、ゲリラ攻撃をしかけてきました。

このとき、徳川家康が**「(こんなところで敵に殺されて恥をかくらいなら)切腹する」**と口走った記録が残されるほど、徳川本陣は大混乱におちいりました。

駕籠に乗って逃げようとしたところを、豊臣の武将が――

ここから史実と伝説が入り混じってくるのですが、家康は混乱中の本陣から駕籠《かご》に乗って逃げ出しました。しかし、**豊臣方の猛将・後藤又兵衛《ごとうまたべえ》が槍でひと突きし、駕籠の家康を絶命させた**というのです。実際に、日光東照宮の宝物館には、徳川家康が乗っていたという「網代《あじろ》駕籠」が収蔵されているのですが、その屋根には何かが突き抜けたような謎の穴が空いており、修繕されていないんですね。

ただし、この説には「問題」があります。後藤又兵衛は、5月7日の「天王寺・岡山の戦い」の前日、6日の「道明寺《どうみようじ》の戦い」で鮮烈な戦死を遂げています。つまり彼が7日に家康を槍で突いて殺すことは不可能なのですね。

他にも真田信繁が、南蛮渡来の「宿許銃《しゆくしやじゆう》」で、駕籠で逃げる家康を狙撃したという説もあります。その逸話が使用された銃の図解とともに、紀州藩士の末裔《まつえい》の手で編纂された『南紀徳川史』の第十六巻に収録されているのです。

いずれにせよ、**馬に乗った豊臣方の武士の手によって、逃亡中の家康の乗った駕籠が攻撃され、家康は亡くなっていた**という衝撃的な逸話が、江戸時代を通じて、実にさまざまなところで語り継がれていたのは確かなようですね。

大坂の寺に残る「家康の墓」

そのようにして亡くなった徳川家康の遺体が運び込まれ、埋葬されたのが現在の大阪府堺《さかい》市にある南宗寺《なんしゅうじ》というお寺だったという、驚愕の伝承もあります。

南宗寺に語り継がれている逸話は次の通り。

「(大坂夏の陣での)茶臼山の戦いで敗れた家康は駕籠で逃げていたが、後藤又兵衛に槍で突かれてしまった。駕籠を担《かつ》いでいた者たちはそれでもなんとか堺まで逃げ延びたが、駕籠を開けてみると、家康はすでに絶命していた。このため南宗寺の開山堂の床下に遺体は隠し、後に久能山東照宮《くのうざんとうしょうぐう》に改葬した(『南宗寺史』)」というものです。

南宗寺には第二次世界大戦時の空襲で焼け落ちるまでは、江戸時代から東照宮がありました。現在は**松下幸之助などが発起人となって建てられた立派な「徳川家康公の**

南宗寺の家康の墓。家康は大坂で亡くなっていたのか？

墓」がありますが、その墓が建てられる昭和42（1967）年以前の家康の墓といえば、寺の庭にある小さく目立たない無名塔のことだったそうです。

その無名塔の脇に、幕末に幕府から派遣された豪傑・山岡鉄舟《やまおかてつしゅう》の**「家康公の墓に間違いない」**という言葉を刻んだ碑文《ひぶん》までがあるのです。

南宗寺の逸話が、ただの「伝説」ではないと推定される極め付きの理由は、なんと徳川秀忠と家光が、一カ月をあけて交互に南宗寺を訪問したという記録があることです。現在の南宗寺に現存するもっとも古い建物である坐雲亭の中には、次のような文字が刻まれた木板が残されています。

「征夷大将軍源朝臣秀忠公　元和九癸亥年七月十日　當山　御成
征夷大将軍源朝臣家光公　同年　八月十八日　當山　御成」

ちょうどこの時期、秀忠・家光親子は江戸から関西に来ていました。秀忠が将軍位から退《しりぞ》いて大御所となり、家光が京都の朝廷での儀式を経て3代将軍になった時期でした。また、南宗寺には江戸時代を通じて、徳川家の庇護《ひご》がありました。

しかし……南宗寺に家康の遺体が運び込まれることなど、実際には不可能でした。徳川家康が真田信繁らの猛攻撃を受けた大坂夏の陣の最終段階において、実は堺の街に南宗寺は存在していなかったのです。

大坂夏の陣が始まった直後、大坂方の大野《おおの》治胤《はるたね》の手によって火を放たれ、堺全体が焦土《しょうど》と化してしまっていたからです。堺を襲った火事の激しさは、16キロほど離れた大坂城からもはっきりとわかるほどでした。

このため、南宗寺の伝承通り、徳川家康の遺体を乗せた駕籠が、堺の南宗寺に到着することはできないのです。

なぜ秀忠・家光は南宗寺を厚遇していたのか?

しかし、それでも、南宗寺と徳川家の密接な絆があったことは間違いありません。

先述の通り、**秀忠・家光の２人が多忙な時期に、わざわざ南宗寺を訪問していること。**

そして17世紀半ば以降、南宗寺だけでなく、豊臣方に焼かれた堺の街全体の復興を徳川家が支えていること。

さらに家光の時代には南宗寺出身の沢庵《たくあん》和尚が、家光の相談役のような立場にまで抜擢されていること……これらは異例の待遇といえるものです。

大坂の陣以前、徳川家と何のゆかりもなかった寺が、これほどの待遇を江戸時代に受けることは、普通ならあり得ません。絶対に裏に「何か」があります。

しかも祖父・家康に対する思い入れが非常に深かった家光からの厚遇には、隠しておきたい何かというより、むしろ南宗寺の恩義に報《むく》いようという感情が感じ取られるわけです。

南宗寺にまつわる、徳川家康がらみの謎を解く理由を筆者なりに想像すると、駕籠が到着したのは、南宗寺の門前ではなく、堺の街と南宗寺から焼き出され、避難途中の寺関係者たちの前だったのではないでしょうか。

寺関係者たちは、駕籠の中の傷を負った人物を介抱しようとした、もしくは……焼け出され、天王寺周辺まで落ち延びてきていた南宗寺関係者が、誰かを乗せた駕籠が武士たちの手で襲われているところを目撃し、止めに入ったということも考えられます。

そのおかげで、**駕籠の中の人物は死んでいても、彼の首が取られ、敵方に渡るという武士としての最大の恥だけは阻止できた。**そこに（おそらく堺を燃やした豊臣方への強い反抗心から）南宗寺関係者の助力があった……。

そしてその情報を、駕籠を担いでいた者たちから伝え聞いた徳川家が、感謝を表わし続けるということはごく自然の反応だと思いますが、いかがでしょうか？

「本物の家康」は、大坂で死んだのか、駿府で死んだのか？

ただ、筆者は**駕籠の中で亡くなっていたのは「家康本人」ではなく「家康の影武者」だったのではないか**と考えています。

南宗寺の伝承では、駕籠の中で死んでいた家康の遺体は寺で土葬にされ、その後は彼の影武者が家康の代わりを務め、その影武者が元和2（1616）年に駿府《すんぷ》で天ぷらにあたって死んだとされています。

しかし筆者には、史料を見ても、彼の影武者がずっと家康の代わりを務めていたとまでは、とてもいえないように思われます。

ここで、幕府が公式に認めている「家康の最期」を見ていきましょう。

元和2（1616）年1月21日、当時75歳だった家康は、駿府城の西にあった田中城を拠点とし、大好きな趣味の鷹狩《たかがり》を楽しみました。

そして田中城では、家康は「上方《かみがた》でただいま流行っている（略）鯛《たい》をごま油で揚《あ》げ、にんにくのすりおろしとネギとかけた料理」を食べています。味付けの濃そうな、胃もたれしそうな料理ですね。この「天ぷら」を合計5枚ほど食べたそうですが、翌日午前2時頃から、異常な腹痛が始まったのです。

しかし、**自分でも調薬するほどの健康オタクだった家康は、侍医《じい》の薬を拒絶し、自ら煎《せん》じた「万病円」という虫下しの薬を飲み続けます。**

腹痛は治まらないまま、体力は衰え、1月下旬を迎えました。侍医頭の片山宗哲《かたやまそうてつ》が「お手製の薬をお控えになっては」と進言しますが……これを聞いた家康の癇癪《かんしゃく》は爆発し、片山宗哲は信州・高遠《たかとお》に流罪となってしまいました。

その後、家康の衰弱は徐々に進み、4月17日午前10時頃、前日からは水もまったく摂《と》れないまま亡くなったそうです。

死の床で家康は「自分の遺骸をまず久能山に葬れ。一周忌がすぎたら日光の小さな祠《ほこら》に祀《まつ》ってくれ」などと遺言しています。

こうした家康の死に際の振る舞いや遺言は、影武者としてはずいぶんと傲慢すぎ、贅沢すぎるものですよね。

亡くなっていた、家康の「2人の側近」

やはり、南宗寺関係者が目撃した遺骸は「家康の影武者」のものであり、「家康本人」はからくも生き延びていたというのが正しい歴史の見方だと思われます。

そもそも、駕籠に乗った家康が襲われた5月7日に、**家康の側近2人が命を落としたという記録**があるんですね。

まずは本多忠朝《ほんだただとも》。そして小笠原秀政《おがさわらひでまさ》なんですが、この2人が家康の影武者を任されていたという説が従来からあります。

そもそも公式に誰それが影武者になっているというようなことは発表しないものですが、いずれにせよどちらかが家康の代わりに豊臣方の兵に討たれ亡くなっていた場合、南宗寺の伝承とほぼ条件が一致します。

本多・小笠原の両家は徳川家譜代《ふだい》の家臣です。**彼らが身を挺《てい》して将軍・家康の命を守ってくれていたとするなら、その縁故者《えんこしゃ》である秀忠や家光が、手を合わせに来てもおかしくはない**でしょう。

それらがことさらに公《おおやけ》にならないのは、天下人たるべき者、影武者が次々に斬られ、本人もほうほうの体《てい》で本陣を逃げ出した……というようなことが「あってはならない」からでしょう。そういう裏の事情もあってこそ、この手の影武者がらみの逸話は、表舞台から消されてしまったのではないでしょうか。

命の危機を感じて逃げ出すような行動は、「神君《しんくん》」家康にはふさわしくない、幕府の権威も揺らぐと考えられたのだと思われます。むしろ影武者が2人も、しかも1日のうちに殺されても本人だけは討ち取られることがなかったほどの、驚異的な運のよさが家康にはあった。それこそ天下人の証だという気もするのですが……。

坂本龍馬が「いろは丸事件」で犯した、許されざる罪とは

慶応3（1867）年4月23日、現在の広島県福山市沖16キロ、瀬戸内海において、坂本龍馬を代表者とする海援隊《かいえんたい》が運航している小型汽船・いろは丸に、紀州藩の軍艦が衝突。いろは丸は沈没してしまいました。これが通常の「いろは丸事件」のあらましです。

しかし実際の**「いろは丸事件」は大規模な詐欺《さぎ》事件であり、坂本龍馬はこの詐欺事件の中心人物……いや、主犯だった**といってよいのです。

いろは丸に積んであった金や武器といった荷物が汽船もろともに沈没、海援隊は大損害を受けたとして、龍馬らが訴え出たところ、「万国公法《ばんこくこうほう》」の航海法をもとに紀州藩は敗訴。「8万3500両」を要求された紀州藩は、それを7万両まで値切りました。それでも現在の貨幣価値にして、180億円！

訴訟中、「勝てそうだ」と見た龍馬の差配でしょう。被害額の見積もりが増やされ

ています。

その怪しさをさらに裏付けるように、平成2（1990）年までに行なわれた海底調査では、**いろは丸の残骸近辺から、龍馬らが主張したような武器、現金のたぐいは、まったく出てきていません。**もともと、いろは丸自体、賠償金獲得狙いで紀州藩の軍艦に衝突させるべく運航していたのではないか、とすら思わされます。

多額の賠償金は、どこに消えた？

そもそも、いろは丸は龍馬率いる海援隊の所有物ではありませんでした。

大洲《おおず》藩という現在の四国・愛媛にあった小藩が、投資を目的とし、必死の財源確保の末に外国から購入した宝のような船です。

土佐藩の重役・後藤象二郎《ごとうしょうじろう》や、他ならぬ坂本龍馬らの仲介によって、ポルトガルと大洲藩の交渉が始まり、船自体は大洲藩の所有物となっていました。その代金をすでに大洲藩は支払い済みでした。

しかし、ここからが問題なのです。

龍馬はいろは丸を大洲藩から借り受けましたが、衝突事故の結果、船を海に沈めてしまいました。また、紀州藩から莫大《ばくだい》な損害賠償金をせしめましたが、本来ならばそこから大洲藩に船の代金を弁済せねばなりません。

土佐藩から大洲藩への賠償金は、船価（3万5630両）の1割引の金額が年譜《ねんぷ》で支払われることになっていました。

しかし――この両藩ともどもに第1回目の支払いの記録がないのです。つまり、**土佐藩の了解のもとに、龍馬側が賠償金を踏み倒し、お金をまるまる懐《ふところ》に入れてしまったわけです**。これはひどすぎる話ですね。

しかもその賠償金は、龍馬の死後は維新の動乱にまぎれ、行方不明になってしまったのでした。

一説には土佐藩重役だった後藤象二郎と、その出入り商人だった岩崎弥太郎《いわさきやたろう》の手に渡り、三菱財閥設立のための資金となったたともいわれます（ですから、後藤象二郎など土佐藩関係者にも龍馬暗殺の容疑がかけられているのですね）。

いろは丸を失った大洲藩は、財政難に苦しめられ——

当時、大洲藩は地方の小藩にすぎず、一方で土佐藩は権力も財力もトップクラスの藩でした。当時は、いくら道理であろうと、目下の者が目上の者に大きな口を叩くことは許されません。

しかし、いろは丸を失った大洲藩の財政は当然、大変厳しくなってゆきます。

この財政難は廃藩置県後ですら、当地の人々を苦しめました。

こうなることがわかっていても、自分のトクだと判断すれば平気でできてしまったところが、人懐っこく振る舞っていた坂本龍馬の、恐ろしい〝裏の顔〟だったといえるのです。

自らを「第六天魔王」と称した織田信長の素顔

織田信長は自ら**「第六天魔王」**と名乗ったとされています。

これは、信長が武田信玄への手紙の署名として「第六天魔王信長」と書いてきたというところから伝わったもの。第六天魔王とは、仏法への信仰を邪魔する魔物というような意味で、信長流のブラックジョークではありました。

この手紙は現存していないので詳細は不明ですが、本当に信長が名乗ったかどうかはともかく、「信長は人間の姿を借りた魔王なのだ」というような噂が広い地域で、彼の生前から流れていたことがうかがえるのは興味深いです。

当時、日本に布教に訪れていたポルトガル人宣教師のルイス・フロイスによれば、**信長は家臣たちを甲高い声で罵《ののし》り、怒ってばかり。つねにせわしなく動き回っていた**そうです。

信長が履いていた“武将らしからぬ履き物”

信長については、細切れにしか伝わっていない彼の言葉以上に、彼の愛用していた物が、その独特すぎるパーソナリティについて具体的に語ってくれます。

天正元（1573）年、40歳の信長が朝倉家・浅井《あざい》家攻撃に本腰を入れているときのこととして『信長公記《しんちょうこうき》』が語っている一文は見逃せません。

「年来御足なかを御腰に付けさせられ候」……「足なか」こと「足半」は、かかとの部分がわざと省かれている草鞋《わらじ》です。それこそ**地に足をつけていられない、身分の低い足軽など、率先して走り回らねばならない者たちのための履物でした。**

つまり、一軍の大将が愛用する履物ではあり得ません。それを腰につけていたということは、信長は何かあったら「足半」に履きかえ、走り回っていたことを指すわけですね。

朝倉家討伐戦である「刀根坂《とねざか》の戦い」の最中、騎馬武者（＝身分の高い武士）を追いかけ、ついに討ち果たした兼松正吉《かねまつまさよし》という武士がいつしか裸足になり、足から血を流しているのを見かけた信長が「今こそこれが役に立つとき」といって足半を与えてやる……という逸話が『信長公記』にもあります。兼松正吉はこの足半を家宝とし、今日まで足半の現物が保存されています。

城を留守中に、勝手に外出した女房に激怒！

信長が、当時の感覚では立派な中高年の年齢に達してもつねに動き回っている、短気でせわしないパーソナリティーの持ち主だったことには多くの証拠が残っています。

天正10（1582）年、本能寺の変で信長が討たれる約2カ月前の4月10日、彼は小姓《こしょう》を5、6人ほど召し連れて、安土城から長浜《ながはま》を抜け、竹生島《ちくぶしま》の寺社を参拝しました。片道15里（60キロ弱）、通例なら長浜あたりで夜は泊まりとなるコースです。

ところが、さすがは信長、せわしなく予定をこなし、なんと夕方には安土城に戻ってきてしまいました。ところが城内の女房たちは文字通り「鬼の居ぬ間」とリラックスしきっており、勝手に外出したまま戻っていない者までいました。城の者たちの体たらくに、信長の怒りは爆発します。

物見遊山《ものみゆさん》に出ていた女房らは帰城するなり絞殺され、桑実寺《くわのみでら》の薬師参りから帰ってきた女房もすべて成敗。こうした安土城内の惨事《さんじ》を聞きつけた、桑実寺の長老が慈悲を乞《こ》いにやってきましたが、彼も殺されました。身内も敵も関係なく、気に入らなけ

れば容赦なく手を下し続けた信長の姿は異常そのもの、まさに魔王です。

都中を驚愕させた、信長の〝奇抜すぎるファッション〟

晩年になればなるほど気が荒く、短くなっていった信長ですが、若さへの自信……というか、執着は一貫して強くありました。

亡くなる前年の天正9（1581）年の左義長《さぎちょう》（小正月の火祭）では、信長の様子は**「黒き南蛮笠をめし、御眉をめされ、赤き色の御ほうこうをめされ」**（『信長公記』）と記されています。そしてさっそうと名馬にまたがり、火祭らしく爆竹を鳴らしながら走り去ったとのこと。

黒い南蛮笠とは、信長が愛用していた西洋風の大きなつば付きの帽子のこと。しかしポイントは**「御眉をめされ」**という記述です。眉を剃《そ》るのは平安時代の昔から公家などの、若くてオシャレ自慢の貴公子が行なうことであり、48歳、つまり現代の感覚では60歳ほどの年齢の男性がするのは異例。驚愕のビジュアルだったと思いますよ。

左義長の後、同年2月、「馬揃え」という名の軍事パレードを信長は主催することになりました。パレードの際の信長は『信長公記』によると「きんしゃ」なる豪華な衣装を身に着けていたそうです……。

同書がわざわざつけている注によると「昔、唐土《もろこし》か天竺《てんじく》にて、天守・帝王の御用に織りたるもの」という特殊な生地による衣服でした。しかもデザインは「真ん中に人形を結構に織り付けたり」したもの……文字面からは、派手な刺繍のついたスカジャンみたいなイメージしか湧きません。

いずれにせよ信長は当日の衣装にも、さらに観客の反応にも大満足しました。正親《おおぎ》町《まち》天皇をふくむ、朝廷の貴人たちだけでなく20万人もの観衆が集まりましたから。

せわしないパーソナリティー、自己顕示欲、異常なまでの暴虐……それが「第六天魔王」信長の素顔でした。

西郷隆盛が「大津事件」を引き起こした？

西郷隆盛は幕末の混乱期に「新しい世界」を夢見て、明治維新を成し遂げるため、その主動力となって働いた人物です。しかし彼の人生は成果を残しながらも、どこか悲運の感じられるものでした。

西南《せいなん》戦争末期の明治10（1877）年9月24日、現在の鹿児島県・城山《しろやま》に籠城していた西郷と仲間たちは、新政府軍を前になすすべを失います。西郷は「もうこのへんでよか」とつぶやき、自害しました。ところが……その首が遺体から切り離されていたため、西郷が本当に死んだのかどうかは、なかなか決め手となるものがありませんでした。

奇妙なことですが、**西郷の遺体は股間で判断された**といいます。これは、彼が沖永《おきのえ》良部島《らぶじま》に流刑され、座敷牢のような建物で過ごしていた時代、蚊に刺されると媒介されるフィラリアという寄生虫が股間に巣食い、晩年には陰嚢《いんのう》が人の頭ほどにふくれ上がってしまっていたためでした。このため馬にも乗れず、駕籠で移動していたともいいます（これには、単に肥満気味だったからだという説もあるのですが）。

当初、見つからなかった西郷の首も無事、発見されました。折田正助なる武士の屋敷の門前に一度は埋められたそうですが、それを掘り返され、生前の西郷を知る新政府軍の総指揮官・山縣有朋《やまがたありとも》によって実検されることになりました。そして山縣が西郷の首だとお墨付きを与えた結果、やっと改葬ということになったのです。

普通に考えれば、これをもって西郷が死んだことは確実になるはずです。しかしなぜか西郷についてはしつこいまでに、生存説が語られ続けました。それだけでなく西郷隆盛は亡くなった直後から、人々にとって常識を超えた伝説的存在……もっといえば怨霊的な存在にすらなっていったようです。

当時の新聞までが報じた「西郷のロシア生き延び説」

西郷生存の噂が広まるきっかけは、明治24（1891）年に『鹿児島新聞』に掲載された記事でした。この記事によると、

「西南戦争で死んだのは、7人もいた西郷の影武者の1人にすぎず、城山が落ちる

前々日、西郷本人はすでに現地を脱出していた」

というのです。

脱出先はさまざまで、韓国あるいはインド、さらにはロシアに渡ったという人もいました。その他にも――、

「西郷はロシアの軍艦に乗ってウラジオストクに向かった。今はシベリアでロシア兵を鍛《きた》えている。腐った日本の新政府をロシアの軍事力で転覆させるためだ」

「（第2代内閣総理大臣を務めた）薩摩藩出身の黒田清隆《くろだきよたか》はすでに西郷に秘密裏に面会、明治24（1891）年に帰国させると約束した」

「もうすぐ控えているロシア皇太子・ニコライの来日とともに西郷は帰ってくるはずだ」

……といったやけに具体的な「噂」が掲載されたのでした。

どういう目的でこの投書が書かれ、それを『鹿児島新聞』が採用、掲載したのかは不明です。明治時代末期のジャーナリズムが江戸時代の瓦版《かわらばん》の域を脱していなかったことの証明にもなるでしょうが、この奇怪な噂は急激にふくれ上がり、全国規模のものとなります。

「西郷どん、露国艦で帰国？」（『東京朝日』明治24年4月1日付）、「西郷隆盛、この

通り還って来る」（『国民新聞』明治24年4月3日付）などなど当時の全国紙が、ロシア皇太子ニコライとともに西郷が帰国するとの噂を情報として、大々的に書き連ねる結果となったのでした。

当時の日本人は、西郷の生存説に、ただならぬ信憑性を感じていたのでしょう。ロシア皇太子ニコライの乗った軍艦が長崎沖に近づくと、一部の人々は恐怖のあまりパニックにおちいりました。西郷が乗船しているかどうかを確認しようとする新聞社まで現われたそうです。

ニコライの来日に付き従う西郷その人の姿はなくても、西郷を恐れる人々の恐怖は容易には晴れませんでした。

そしてそれはのちに「大津事件」と呼ばれる、警察官・津田三蔵《つださんぞう》による、ニコライへの殺人未遂へとつながっていくのです。

明治天皇「西郷の帰国が事実なら……」

明治24（1891）年5月11日、ニコライはあろうことか護衛の警察官・津田に襲われ、頭を攻撃され、切りかかられた頭に骨が見えるほどの深手を負いました。

上野公園の西郷像は明治31（1898）年に除幕

ニコライの来日前から、津田は不安を口にしていました。新聞に掲載された、**明治天皇が西郷帰国の知らせを聞いて「もしそれが事実なら、西南戦争で与えた勲章はすべて没収しよう」と笑った**という噂におびえていたそうです（『郵便報知』）。

明治天皇は西郷隆盛への信頼が厚く、西郷が政府を離れ、西南戦争を起こし、最後は自害したと聞いても「ついに西郷を殺してしまったか」と落胆したと伝えられています。

一方、旧士族の津田は当時、西南戦争で得た「名誉の負傷」の代償に勲章を授かっていました。そしてその勲章のおかげで警察に就職できたのでした。それなのに勲章を剥奪されてしまっては……。

しかし、西郷帰国の不安がなぜ、ロシア皇太子であるニコライへの殺意に、津田の中ですり替わっていったかは不明としかいいようがありません。

戦死者を鎮魂する「西南戦争記念碑」の前で──

ニコライは5月11日、滋賀県を訪れ、三井寺《みいでら》の境内で古美術を鑑賞しました。琵琶湖を借景に、美術品の鑑賞を楽しんでもらおうという雅やかな趣向です。ところがこのとき、偶然にも津田が警備役で現場に詰めていたのです。

さらに不幸な偶然が重なります。三井寺の境内には三重県出身で西南戦争に参加、戦死した武士たちの鎮魂《ちんこん》を祈願する「西南戦争記念碑」がありました。そしてその碑の前に、津田が配属されていたのです。

津田は、この西南戦争記念碑を大切に思っていたそうです。自身も西南戦争に参加したのですから、激戦を生き延びたという思い、亡くなった戦友への鎮魂の思いが強かったのはわかりますが……。

津田が後に語ったところによると、ロシア側の随行員2人が、この西南戦争記念碑に目を留めることもなく、その脇になにげなく座ったという行為が、そして車夫たちと雑談し始めたという姿が、えもいわれぬ屈辱を彼に感じさせたのだそうです。その後……津田は街中での警備の際、身に帯びていた剣で、なぜかその随行員ではなく、ニコライその人の首～頭部を狙い、後ろから斬りかかりました。

頭部や脳は人間の急所ですが、頭部への一撃だけで命を奪うことはなかなか難しいものがあります。本気で相手を殺そうとするなら、心臓をまず狙うはずなのです。あるいは江戸時代、罪人を処刑するときのように、一刀のもとに斬首しようとしたのでしょうか。

いずれにせよニコライへの凄まじい怒りが、津田を支配していたことだけは、よくわかりますが……。

津田の心中、明治の人々の心中では「西郷は生きていた」

津田の犯行が発表された当時、彼は正気の人ではないと評されました。

そして逮捕後は精神鑑定がおそらくは意図的に行なわれないまま、津田は終身刑となりました。津田にとにかく有罪を下すための苦肉の策です。

一方、この事件の謝罪に新政府は蜂《はち》の巣をつついたようになりました。帰国することになったニコライのもとに明治天皇までもが、謝罪に駆り出される始末となっています。

ともあれ明治の世を生きた人々は、事実や論理関係を超えて、西郷の存在を意識していたようです。人々の心の中で、西郷は生き続け、恐れ続けられていた——たとえるならそれはまさに、中世ならば立派に「怨霊」と呼ばれるような存在に、明治の世の西郷隆盛がなっていた証だといえるでしょう。

皇女・和宮の「遺体」にまつわるミステリー

第二次世界大戦中、現在の東京都港区・芝《しば》にある増上寺《ぞうじょうじ》一帯は、空襲被害に見舞われました。

2代将軍・徳川秀忠の壮麗な御霊屋《おたまや》（霊廟）をふくむ、墓所の多くは無惨にも焼け落ちてしまったのです。戦前の増上寺は現在以上に広い敷地を有しており、その中には、歴代将軍たちの墓所が点在していたので、火災を防ぎにくかったのかも知れません。

戦後の昭和36（1961）年、増上寺の墓地区画整理がようやく始まります。このとき、それまではほぼ調査の手が及んでいなかった将軍家ゆかりの墓所の学術的調査が、東京大学の鈴木尚教授（当時）らによって行なわれることになりました。

その結果、興味深い事実もたくさん明らかになりましたが、関係者を困惑させるような真実もまた見つかりました。その代表的なものが、14代将軍・徳川家茂《いえもち》に降嫁《こうか》した皇女・和宮《かずのみや》にまつわる数々のミステリーだったのです。

「公武合体」のために翻弄されたのち、箱根で急死

和宮は仁孝《にんこう》天皇の第八皇女として弘化3（1846）年、京都で生まれました。異母兄の孝明《こうめい》天皇から特に目をかけられて育ったとされます。そして文久2（1862）年に、幕府からのたっての要請で将軍の御台所《みだいどころ》（正室）となるため江戸に降嫁することになります。

当時、開国に反対する朝廷と、外国からの開国要請を前に鎖国をつらぬけない状況を感じていた幕府の関係は悪化していました。この政治的難局は朝廷と幕府が「公武合体」せねば乗り切れない……ということで、同い年だった14代将軍・家茂と、天皇の異母妹である和宮の結婚が強く望まれたようです。

和宮には有栖川宮熾仁《ありすがわのみやたるひと》親王という婚約者がいたこともあり、当初、結婚には乗り気ではありませんでした。しかし決意して降嫁した後は家茂との夫婦関係は安定したものだったと伝えられています。

不幸なことに家茂は21歳の若さで、第二次長州征伐の従軍先である大坂城で、病に倒れ死去。若くして夫を亡くした和宮ですが、朝敵とされてしまった15代将軍・徳川慶喜《よしのぶ》と朝廷の関係を取り持ったり、徳川家の存続を祈願するなど波乱の幕末を乗り切

り、明治の王政復古の世を迎えました。
そして天皇の叔母として生活を保証され、一度は京都に戻ったものの、その後は東京に戻り暮らしていたそうですが……。
公式には**明治10（1877）年9月2日、和宮は持病だった脚気《かつけ》の湯治に出ていた、箱根の温泉旅館で「急死」**を遂げたということになっています。

「副葬品」のひとつ、銀板は何を語る？

和宮の副葬品は、かつては将軍正室であった女性とは思えないほど、なぜか簡素だったそうです。

確かにこれは奇妙だといえますが、和宮

が質素な人柄だったからという説明で納得できる範囲だと思います。

しかし……寂しい副葬品の中にぼんやりと輝く銀色の「何か」が含まれていました。その輝きの正体は、薄くて小さな銀色の板のようなものでした。後に**「和宮は家茂の銀板写真を胸に抱き、埋葬された」**という逸話を生むのがこの銀板です。「銀板は空気に触れたために急速に酸化し、家茂の姿は一晩のうちに消えてなくなってしまった」などとも一般的にいわれていますが、実はこの説明は事実と相当に異なるものでした。

発掘に同行した、国立博物館助手（当時）・神谷栄子の手記『当時の記録から』（『NHK　歴史への招待2』に収録）によると、この**銀色の物質には最初からほぼ何も写ってはおらず、ライトにかざして観察すると、「人影のようなものが見える」という人もいた……という程度の代物**だったそうです。

しかし幕末の写真は薄い銀板を使っていたので、関係者はこれを写真ということにして、国立博物館の保存科学部に精密解析を依頼しました。ところが保存科学部の分析ではこの銀色の物質からは、成分として銀が出てこなかったのでした。つまり、写真ではありえないということですね。奇妙なことに、これ以上の精密検査の結果は、現在にいたるまで公開されていないのです。

和宮の〝消えた左手首から先の骨〟が示すこと

しかし、公開された情報の中には、さらに奇妙なものがありました。和宮の遺骨は髪がまだそのまま残っているほど保存状態がよかったにもかかわらず、お棺の中からはどう探しても、彼女の**左手首から先の骨が見つからなかった**のです！

この事実が公開されると、鈴木尚教授は和宮に仕えていた侍女の子孫を名乗る女性からの手紙を2回にわたって受け取りました。

その手紙には**「和宮様は箱根の山中で山賊に襲われ、胸を突いて立派に自害なさった」「手首の傷はそのときのもの」**だという、彼女の死にまつわる「新説」が書いてあったそうです。

信憑性の高さゆえに大ブームを巻き起こした「和宮替え玉説」

さらには、そもそもお棺の中の人骨は和宮のものではなく、和宮は江戸城に入る直前に、休憩所として立ち寄った地主の屋敷の蔵で首を吊って自殺していたという言い伝えまでもが現われました。

それも現在、学習院大学がある場所に当時住んでいたという、地主の子孫からの証言です。

これらをもとに「和宮替え玉説」が世間で熱心に唱えられ始め、この奇説を独自の取材に基づき小説化した有吉佐和子《ありよしさわこ》の『和宮様御留《かずのみやさまおとめ》』はベストセラーになりました。

この小説では降嫁を嫌がった和宮の代わりに、同じ年頃、背丈の庶民の少女が替え玉として京都から江戸に嫁ぐ……という設定が採用されています。

増上寺に眠る「遺骨」は和宮のもの？　替え玉のもの？

しかし、和宮の遺骨は「替え玉説」に無言の反論をしていると考えるほうが科学的かもしれません。

和宮の遺骨調査にたずさわった鈴木尚教授は、**和宮の足の骨が、いわゆる「内股」の形に、強く歪んでしまっていることを、彼女が和宮本人であることの証拠のひとつ**だとしています。

この内股はおそらく生まれつきのものではなく、当時の上流階級の女性はつねに強く内股を意識しながら幼少時から生活する習慣があったことから、このような足の変形が生じたものであろうというのです。和宮は足の骨に変形が生じるほど強く自らを律《りっ》し、毎日振る舞い続けていたのでしょう。

それにしても幕末・明治初期を生きた、実在の高貴な女性の人生にこれほどまでの逸話が生まれていることには驚かされてしまいます。

もしかしたら例の「銀板」は、彼女の謎めいた死の真相を知るための手がかりとなるものだったのかもしれません……。しかし残念ながら和宮の遺骨にまつわる謎の真相が今後、明らかになる可能性はほぼないでしょう。

なぜなら、例の「銀板」も他の埋葬品と同じように和宮の棺の中に戻され、他の将軍家の人々とともに荼毘《だび》に付されてしまったからです。

増上寺の一角に設けられた墓所には、彼らの遺骨を納めた宝塔が静かに建ち並んでいるだけです。宝塔は、彼女が愛した家茂の隣です。

「新撰組」初期の、知られざる残虐事件

新撰組局長と聞いて、誰もが思い出すのは近藤勇《こんどういさみ》の名前でしょう。

しかし実際には彼は2代目局長であり、初代局長というべきは芹沢鴨《せりざわかも》という男でした。

正確にいえば当時、新撰組はまだ新撰組ではなく、駐屯地のあった地名を取って「壬生浪士《みぶろうし》」といわれていました。

京都の町民たちからは**「みぶろ」**と呼ばれていましたが、「みぶろ」は恐れられていました。壬生浪士組時代の新撰組の面々には、とにかくお金がありませんでした。

彼らは商人たちのもとに出かけ、「金を借りたい」と持ちかけますが、断わろうものなら暴力行為をほのめかし、奪い取ることすら平気でしていたのです。

初代局長・芹沢鴨の蛮行

中でも一番ひどかったのが「初代局長」芹沢鴨の蛮行《ばんこう》で、京都でもっとも格式のある島原遊郭《しまばらゆうかく》、その中でももっとも高級な揚屋《あげや》（貸座敷）である「角屋《すみや》」の座敷で大暴れしたり、何度頼んでも金を貸さなかった老舗の糸問屋・大和屋には、なんと大砲を打ち込み、建物ごとめちゃくちゃにする事件まで起こしてしまいます。

「大和屋焼き討ち事件」と後に呼ばれるこの一件は、本当にひどいものです。文久3（1863）年8月13日、芹沢鴨が「京都の他の自警組織・天誅組《てんちゅうぐみ》には巨額の軍資金を提供しているのに、壬生浪士組には出資しようとしないのはなぜだ！」と大和屋の態度に激怒、報復処置として店の蔵に大砲を発砲。

当初は大和屋の蔵が燃えているだけでしたが、商売の利益を独占し暴利をむさぼる大和屋をもともと恨んでいた、近隣の商人たちまでがおしかけ、火をつけるという事態にまで騒ぎは発展してしまいます。**燃え上がる大和屋の惨状を、芹沢は屋根の上に座って、大笑いしながら楽しんでいた**そうな。

そのとき使われた大砲は、壬生浪士組を監督している会津《あいづ》藩の所有物でした。それを無断でこんな目的のために使ってしまったのです。

本当であれば会津藩が出てきて、事態を収めなくてはなりません。しかし会津藩は最後まで一兵たりとも派遣せず、その有様を町人たちは嘆きました。「天皇の御所の近くでの壬生浪士たちの蛮行を制止すらできない、幕府や会津藩の衰退ぶりは笑ってしまうほどにひどい」（西村兼文『壬生浪士始末記』）という批判の声も当然、あがりました。

会津藩としては、気づいたときにはもはや手を下しようのないレベルにまで物事は進んでしまっていたため、ここは「知らないふり」をするしかなかったということでしょう。しかし会津藩主・松平容保《まつだいらかたもり》はこの事件を聞いて、激怒していました。

松平容保は芹沢の粛清を決断、5人の浪士たちを秘密裏に集めたといいます。その中には、近藤勇と土方歳三《ひじかたとしぞう》の名もありました。

〝おぼっちゃま崩れ〟だった初代局長への嫉妬

芹沢鴨は、出自に不明点はありますが水戸藩士の出であり、文久3（1863）年初頭に幕末の動乱の京都に送られてきた男です。

一方、農村出身者でありながら壬生浪士の中で名を挙げてきた近藤や土方にとって、おぼっちゃま崩れでやりたい放題の芹沢鴨は内心、疎《うと》ましい存在……もっというと嫉妬の対象でもあったと思います。男が自分より優れた同性に抱く嫉妬の念は、女同士の嫉妬とは質を異《こと》にする恐ろしさがあります。

芹沢は狂気的なまでの獰猛《どうもう》さ、残忍さで知られながら、一方では女ったらしで子どもにも優しい……そんな一面を持った男でした。長身で色白、恰幅《かっぷく》がよかったそうです。初期壬生浪士組のカリスマであり、彼を慕う部下たちもたくさんいました。

そして一説には芹沢は当時、不治の病だった梅毒《ばいどく》をわずらっていたそうです。もう、まともな身体や人生には戻れないというあきらめが、彼を破滅的な方向へ突き動かしていたのでしょうか。もしくは無政府状態一歩手前の動乱の幕末の京都で、自由の味を知ってしまったからでしょうか。

そんな芹沢を死にまで追いやったのが、のちに新撰組の「鬼の副長」と呼ばれるにいたる土方歳三でした。土方はまず、芹沢の片腕だった力者・新見錦《にいみにしき》を、鉄の掟として知られる「局中法度《きょくちゅうはっと》」を適用し、切腹させました。

その罪状としては、新見が商家に押し入って金を巻き上げる行為を繰り返していたことが、局中法度にいう「勝手に金策いたすべからず」に抵触したということです。

土方が次に消したのが芹沢鴨本人でした。島原遊郭の「角屋」での宴会でいつものごとく泥酔した芹沢は、屯所《とんしょ》にしていた、八木源之丞の家に駕籠で戻ります。

文久3（1863）年9月半ばのことです。その年の京都は蒸し暑かったので、ほとんど全裸のまま、彼は愛人女性・お梅と寝てしまいました。そばには部下の平山も同じく吉栄《きちえい》という女性と寝ていました。2組のカップルの間には衝立《ついたて》があっただけだったそうです。

眠っている芹沢の様子を、そっと覗いていた土方

『八木為三郎老人壬生ばなし』という史料には、屯所として使われていた八木家の息子・為三郎が、この事件を目撃した母親から聞いた話が収められています。

深夜0時過ぎ頃、芹沢が眠る部屋の前に「誰か」が立ったそうです。その男が土方であることは、すぐにわかったそうです。

そのときは真夏、しかも雨の後で蒸し暑かったので、障子などは開け放ってあったからですね。

土方とおぼしき人影は、芹沢らが寝込んでいる部屋の様子をそっと観察し、その後、

また音も立てずに出ていきました。

その約20分後、4、5人の男たちがもの凄い勢いで音を立てながら、玄関から飛び込んできたそうです。為三郎の母親は彼らが抜刀《ばっとう》しているのを見て、芹沢の寝ている部屋の隣室で寝ている為三郎ら兄弟のもとへ駆け込みました。

すると、隣室から血まみれの芹沢が飛び出てきて、為三郎の手習い用の机につまずき、倒れ伏したところを後ろからメッタ刺しにされて果てたそうです。この間、母親は腰を抜かしていたようですね。

芹沢は、為三郎兄弟の寝ている布団に覆いかぶさって死んでしまいましたが、兄弟たちはずっと目を覚まさないまま。その後、芹沢の死体の下から引っ張り出されて、ようやく目を覚ますという有様でした。

しばらくして、近藤勇が堂々たる様子で到着します。土方もどこかで着替えを済ませたらしく、何も知らない風を装いながら続いて入ってくるではありませんか。

為三郎の母親は、素知らぬ顔をしている土方の姿が「怖いながらおかしくて仕方がなかった」と証言しています。

思えば当時の京都では、このような暴力事件が引きも切らず、そこら中で毎日のように起きていました。相次いで押し寄せる恐怖は人の感性を麻痺させてしまうのでしょう。

その後の近藤勇、土方歳三らには功績が認められ、正式な武士の身分が授けられます。新撰組は鳥羽伏見《とばふしみ》の戦いにも参加しますが、敗走後、江戸で新政府軍を迎え撃つことになります。しかし、近藤勇は捕縛《ほばく》され、慶応4（1868）年4月25日に江戸・板橋で斬首刑にされてしまいました。

親友・近藤を失った土方歳三は新政府軍と戦いながら、北上を続けます。そして五稜郭《ごりょうかく》を舞台とした「箱館《はこだて》戦争」で明治2（1869）年5月11日、壮絶な戦死を遂げました。最後まで彼に付き従った部下たちが見た土方の姿は、面倒見がよく、不思議にも「母」とすらたとえられるものでした。

かつては鬼と呼ばれていた土方が母とは……それはそれで恐ろしいものがあります。

2章

いまだ解き明かされない〝謎〟は何を語る？

――「史実」はつねに、勝者が作り出してきた

豊臣秀吉には、闇に消された「側室の子」があった？

滋賀県にある竹生島《ちくぶしま》の宝厳寺《ほうごんじ》には『竹生島奉加帳』と呼ばれる古文書が所蔵されています。これは天正4（1576）年から天正16（1588）年にかけての、長浜城主時代の秀吉とその家族による寄進の記録なのですが、興味深い事実を目にすることができるのです。

この古文書には「御内方《ごないほう》（＝おね）」や「大方殿《おおかたどの》（＝秀吉の母・なか）」といった秀吉の家族にまじって、**側室らしき女性「南殿《みなみどの》」、そして彼女と秀吉の間の子と推定できる「石松丸《いしまつまる》」という少年の名前**まで登場するんですね。

南殿という女性の経歴が不明である以上、確証はありませんが、秀吉には淀殿以外の女性との間にも子どもを授かったことになるようです。「だからこそ」秀吉は後年、さらに跡継ぎをもうけようと女漁《あさ》りをし、子作りに異常な情熱を傾け、その結果、もともと華奢だった心身を疲弊させてしまった……という推察も成り立つのですね。

それでは、秀吉の心の闇に迫る最初の手がかりともいってよい『竹生島奉加帳』を具体的に見ていきましょう。

謎の少年・石松丸に該当する箇所を抜き出すと次のようになっています。

五石　御内方（＝おね）
一俵　大方殿（＝秀吉の母・なか）
百千疋《ひき》　石松丸（＝秀吉の子？）　御ちの人（＝乳母あるいは石松丸の妹？）
一俵　大方殿
二十疋　南殿（＝秀吉の側室？）

百千疋は、現在の貨幣価値で約10万円ほど。石松丸の下の「御ちの人」には何通りかの解釈が可能です。石松丸の乳母という説。あるいはお乳をまだ飲んでいる人……つまり石松丸の「きょうだい」という説などです。あるいは一説に乳飲み子だった妹ともされます。

また、これらの記述から、南殿、石松丸（と御ちの人）は少なくとも「秀吉の家族」扱いの存在ということもわかるんですね。側室はこの時代、家族というより従業員の扱いです。このため、わざわざ奉加帳にその名が秀吉の家族と並んでいる南殿＝特別な側室という推論が成り立ち、石松丸などの母であろうと推測できるのです。

また、長浜市の**妙法寺には、7〜8歳くらいの石松丸を描いたという肖像画が残されています。**妙法寺では、石松丸の肖像を「秀勝《ひでかつ》さん（親しみを込めて「ひでかっつぁん」とも）」呼んでいたそうです。

秀吉の狩衣《かりぎぬ》と母親（南殿？）とおぼしき女性の衣で表装されていたそうですが、惜しいことにこの肖像画は「本光院朝覚居士」という戒名の位牌《いはい》とともに昭和27（1952）年、近所の子どもの火遊びが原因で焼失しました。

現在は昭和9（1934）年に東京大学史料編纂所が撮影した、モノクロ写真が残されているのみです。

秀吉を悲嘆させた、幼い石松丸の急死

しかし天正4（1576）年10月に、石松丸は突然亡くなりました。秀吉はその日付で妙法寺だけでなく、長浜にある複数の寺院に30石を与え、石松丸の菩提《ぼだい》を今後も弔《とむら》うように命じており、こうした思い入れの深さからも、石松丸が秀吉の実子ではな

石松丸（羽柴秀勝）の肖像画の写真（妙法寺所蔵）

く南殿の連れ子だったという可能性は考えにくいように思われます。

石松丸の死の時点で、秀吉は40歳でした。この頃の40歳はもはや高齢者の仲間入りです。やっとの思いで授かった男の子に、幼くして世を去られたときのつらさは想像しようもありません。無念のあまり忘れられなかったのでしょう、織田信長から10歳の於次丸《おつぎまる》を養子としてもらい、その子につけたのも秀勝の名でした。

秀吉の中で石松丸＝秀勝への想いは途切れることはなかったのだと推察されます。秀吉はこの秀勝を自身の後継者に決めていたそうです。ところが、秀吉が関白に就任した直後、天正13（１５８５）年12月10日に、秀勝はなんと18歳の若さで亡くなってしまいました。

秀吉は姉の次男で、当時19歳だった小吉《こきち》を養子にし、彼にも秀勝と名乗らせたのですが……この秀勝も、また朝鮮出兵時に24歳で亡くなってしまうのでした。何度も運命的な不幸がつらなってしまっているんですね。さすがに懲《こ》りたのか、淀殿が産んだ子には秀勝の名がつけられることはありませんでした。

闇に包まれている「南殿」と「御ちの人」のその後

しかし考えると怖いのは、その後、南殿と「御ちの人」がどうなったかは不明だという事実です。長浜城主時代に、秀吉が信長から**「おねを大事にせよ」**という厳重注意を受けたと感じたのは間違いなく、それが関係していると筆者には思われます。それも他ならぬ、おね自身の策略の結果でした。

ことの発端は、秀吉の女性問題に困りきったおねが、信長に「甘えた」ことです。

一説に信長が安土に移った天正4（1576）年2月頃とされますが、織田信長は異例に長い手紙をおねに送っています。そこで秀吉の女性問題に苦言しているのです。

この手紙の現物は現在、徳川美術館に収蔵されており、その内容のもっともコアな部分を抜き出して意訳すると、次のようになります。

「藤吉郎（秀吉）が、あなたに不満をいうのは、言語道断で間違ったことである。どこを探したところで、あなた（おね）のような立派な女性は、例のハゲネズミ（秀吉）などに手に入るでしょうか。

しかし、これより以降はあなたも身辺をしっかりと固めなさい。**いかにも武士の正室として重々しく振る舞いなさい。つまらぬ嫉妬などに狂うのは、武士の正室にはふさわしくない行動ですよ**」

などという内容です。ここからわかるのは、秀吉の女性関係で、おねと秀吉は深刻な夫婦の危機にあったこと。そしておねは夫と自分の間に、信長という夫の上司に入ってもらい、なんとか事態を収めようとしていたことです。

一方、そんなおね自身の振る舞いをふくむ、妻としての態度に、信長は「軽々しさ」「幼さ」をも感じていることが読み取れます。つまらぬ嫉妬をするなというのは、夫と側室のこと「なんか」気にしてはいけませんよ……といっているわけです。

特筆すべきポイントはまだあります。信長は右筆《ゆうひつ》（筆記係）に任せるにせよ、自身で書くにせよ、遠隔地にいる部下たちに手紙をたくさん送りました。

しかし、奥野高広の『織田信長文書の研究』の上下巻を通読すると、信長の手紙は要件だけが書かれたものが大半であり、非常に短いのです。家臣の病気を見舞うために医者を派遣させた手紙などではさりげない優しさを見せていますが、表現はとにかくそっけないのです。

いわば3行ビジネスメールといった趣《おもむき》のものばかりの中に、このおねに宛てられた手紙だけは、先に引用した部分の後にも「言いたいことは全部言わずに控えておくように」などと夫婦生活指南が続き、異例の長さとなっているのですね。

逆にいえば、これだけの心遣いを、「あの」織田信長がする背景には、やはり相当なトラブルが秀吉・おね夫婦には起きていたことが考えられるのです。

信長はその手紙を**「秀吉にも見せるように」**とも命令していました。

南殿と「御ちの人」が歴史の表舞台から消えたのも、信長の威光を借りた正室・おねによる圧力を察した南殿が、秀吉の家中を去るか、出家を望んだからではないでしょうか。

　このように理由はまったく不明のまま、彼女の姿は秀吉のそばから完全に消え去ってしまい、さらに**その後の秀吉一家は、南殿や石松丸の存在についてはまったくタブーのように、触れようともしなくなる**のです。それこそ不自然なまでに。

　それでも秀吉は石松丸の十周忌を迎えた年、例の奉加帳のある宝厳寺だけでなく、徳勝寺や知《ち》善院《ぜんいん》といった長浜にある複数の寺に寄進を行なっています。しかし、このとき、秀吉本人が寄進の理由を明らかにはしていない点も不可思議といえば不可思議ではあります。

　先述の妙法寺の昭和27（1952）年の火災で、石松丸の肖像画と位牌は焼けたとお話ししましたが、石松丸の供養のために秀吉が与えた朱印状だけは、四隅を焦がしただけで奇跡的に発見されたそうです。「自分がこの世に生きた証を残したい！」という、あの世からの石松丸の執念のようなものを感じてしまうエピソードです。

悪女・おね――3人の「天下人」に甘え尽くした人生

秀吉・おねの夫婦はハートウォーミングな絆で結ばれ、戦国では随一の出世を遂げた例として語られることが多いですね。2人はどのように惹かれ合ったのでしょうか。

秀吉の女性の好みとしては**「お姫様好き」**だと指摘されることは多いのですが、その傾向は彼が若い頃からあまり変わらなかったようです。おねに恋心を抱いた理由も似たようなものだったと思います。

伊勢湾沿いの辺鄙《へんぴ》な村の貧農出身であり、織田信長の下で足軽を務めていた時代の秀吉にとって、織田家の弓衆《ゆみしゆう》だった杉原定利《すぎはらさだとし》の娘・おねは、それだけで理想のお嬢様に見えたはずです。

このとき、すでに秀吉はバツイチです。上司の命令で「きく」という女性と結婚していたのですが、彼女は風采《ふうさい》のあがらない秀吉のことを愛せず、秀吉は振られてしまったというのですね。

秀吉に愛されたといわれる女性はおねだけでなく数多くいます。また、秀吉は女性に対して、非常に積極的に振る舞いました。しかし、彼女たちが秀吉をどの程度愛していたのかはわかりません。身長が低く、華奢で、ひげも薄い秀吉は、戦国武将としての理想の体型からは程遠く、外見面では見劣りしていたことは事実ですから。

秀吉が威風堂々とした姿であろうと必死だったこととは裏腹に、世間による彼の外見的評価は低調なものでした。特に外国人からの証言は実に辛辣《しんらつ》です。

「秀吉は身長が低く醜悪《しゅうあく》な容貌の持ち主で、目が飛び出し、ひげが少なかった」（ポルトガル人宣教師フロイスによる『日本史』）

「秀吉は背丈がほとんど50インチ（＝130センチほど）にも満たぬ小男で、猿のような丸い目をしていたので、猿面という渾名《あだな》がつけられていた」（長崎のオランダ商館長イザーク・ティチングによる『日本風俗図誌』）

……などというもの。

野生動物を思わせるとても高貴とはいえない風貌、きわだった身長の低さ、特徴的すぎる眼、さらに体毛の少なさなどに一致点がありますね。

おねは本当に「忍耐強い、苦労人のおかみさん」だったのか?

おねと結婚したときの秀吉は25歳。一説に彼より4歳年下で当時21歳だったとされるおね自身の発言によると、当時の秀吉宅には畳が1枚もなく、土間にゴザを敷いて婚礼の儀式を行なったとのこと。

結婚当時14歳とする説もありますが、筆者は21歳ではないかと思います。もし当時の結婚適齢期どまん中の14歳の武家の娘を、バツイチで、しかも風采のあがらない秀吉と、おねの親が結婚させようと思うかどうか……。

おねについては、実は本名もわかっていません。「おね」という呼び名が今日に伝わっているのは、「ねんねちゃん」とかいう意味で、秀吉がずっとそう呼んでいたからにすぎないのです。

そんなおねも後年、朝廷から高い官位をいただき「関白」となった秀吉の正室として「北政所《きたのまんどころ》」の敬称で呼ばれるようになりました。

それでも秀吉は家臣には彼女のことを**「まんかかさま」**と呼ばせていました。秀吉は自分たち一家と部下たちを権威で縛るのではなく、大きな家族のように演出しようと考えていたのでしょう。

このため、後世にもおねといえば、〝苦労人のおかみさん〟のキャラクターが定着したのだと思われます。しかし……本当におねがそういうタイプの女性であったのなら、「天下人」豊臣家の礎《いしずえ》は、秀吉とその息子である秀頼《ひでより》のたった2代で瓦解《がかい》してしまうハメにはならなかった、というのが筆者の正直な所感です。

後世のおねへの評価のように、本当の意味で彼女に忍耐というものがあったとするなら、豊臣家滅亡はおろか、関ヶ原の戦い、ひいては大坂の陣などはあったとしてもあそこまでの規模の内乱にはならなかったのではないかとも思います。要するに、おねは伝説とは違って、実はけっこう怖い女、彼女のワガママによって戦国の世を長引かせることになった女……だったのではないか、と筆者には思われるのです。

豊臣家の運命を変えた女性・淀殿の登場

男尊女卑傾向が強かったとされる戦国武将の家中でも、正室は重視される存在でした。**誰かを側室にするのも夫の独断では無理で、正室の承認した女性だけが側室となれます。**それ以外の女性はただの「妾《めかけ》」であり、側室とともに家の使用人の位置づけです。武家の場合は基本的に正室の産んだ子どもだけが、家を継ぐ権利がありました。

しかしだからこそ、秀吉との間に子どもがないという事実が、おねを苦しめていたことでしょう。

前項でもお話ししましたが、秀吉には実の子を世継ぎにする夢は、長い間かなわぬままでした。そんな中、天正16（1588）年、おねを、さらに悩ませる存在が彼女の前に現われました。

長浜時代から秀吉・おね夫婦が引き取り、家族のように扱ってきた21歳の淀殿が秀吉の側室になったのです。

幼名・茶々《ちゃちゃ》こと淀殿は、秀吉自身が信長の命で攻め滅ぼした浅井長政の娘の1人です。茶々、初、江《ごう》と続く浅井三姉妹はその後数奇な運命をたどりますが、中でも淀殿の運命は過酷なものだったと思われます。

側室・淀殿が続けて男児を出産

天正17（1589）年、淀殿は秀吉の男子・捨《すて》（のちの鶴松《つるまつ》）を産みます。天正19（1591）年に鶴松は幼くして亡くなってしまいますが、文禄2（1593）年、26歳の淀殿は拾《ひろい》（のちの秀頼）を産みました。

拾は、大野治長《おおのはるなが》など秀吉以外の男性の子ではないかという説もありますが、南殿と石松丸の前例からも、秀吉に生殖能力がないわけではないことはわかるはずです。

さらに淀殿に否定的な勢力（たとえば「正室」おねなど）は一定数、必ず身辺にいるため、浮気などすれば足をすくわれる可能性がありました。秀吉以外の男性と肌を重ねるのは難しかったでしょうね。

秀吉亡き後、なぜおねは大坂城を離れたのか――

淀殿に対する、おねの心情は具体的には伝えられてはいません。おねからすれば淀殿に対して複雑な思いはあったでしょうが、長浜時代に秀吉の子を産んだ（とされる）南殿のときよりは、ホッとするところは多かったと思います。少なくとも、淀殿の身分は側室のままであり、正室の座と権威が脅かされるようなことはありませんでした。

秀吉、淀殿、おねの三角関係は、それぞれが果たすべき仕事を果たすことで、絶妙なバランスをもって保たれていたのです。

しかし……両者の関係を取り持ってくれていた秀吉は、慶長３（１５９８）年８月

18日に亡くなります。残されたおねと、秀頼を産んだ淀殿が衝突するのは必然的なことでした。秀吉の死後、大坂城の中で淀殿と嫡男《ちゃくなん》・秀頼との存在感は増していきます。

秀吉の死後、おねは淀殿の産んだ秀頼の後見人を共同で務めていましたが、やはり子どものいない正室・おねは、側室に軽んじられているという感覚があり、それを許せなかったのでしょう。

しかも、**淀殿は信長の姪《めい》にあたる名門中の名門の出身。**ただの弓衆だったおねの実家・杉原家とはまったく格が違うのです。豊臣家においては淀殿の身分はただの側室。とはいえ、かなりのコンプレックスを、正室のおねは感じていたことでしょうね。

大坂城を退去し、実質的におねは「豊臣家を見捨てた」

慶長4（1599）年、豊臣家滅亡へのカウントダウンが始まる関ヶ原の戦いを1年後にひかえたこの年、おねは大坂城の西の丸を退去、京都にあった豊臣家の邸宅（通称・京都新城）に身を寄せます。そして、おねの代わりに西の丸に入ったのはなんと徳川家康でした。

秀吉の嫡男・秀頼を背景に、秀吉亡き後の大坂城で権力を得た淀殿に対し、おねは精神的な子どもたちともいえる秀吉子飼いの武将たちを連れて、大坂城を飛び出しました。

そしてこのおねの行為は豊臣家の家中を分断することにもなりました。**大坂城を北政所ことおねが出ていくことは、彼女が豊臣家を見限り、徳川家の庇護《ひご》に入ったことを意味します。**

この行動は、実子のいなかったおねが可愛がってきた、いわゆる豊臣子飼いの武将たちに大きな精神的影響を与えたに違いありません。豊臣家の土台を揺らがせるという意味で、「かかさま」と呼ばれるような、あるいは高位の武士の正室にふさわしい行為だったとは思えません。彼女に好意的だった信長も生きていたら叱ったはずです。これが豊臣家を守るべきおかみさんの振る舞いと呼べるでしょうか？

おねは自分が使える手段のすべてを駆使し、淀殿と嫡男・秀頼の立場をおびやかしたのです。

関ヶ原の戦いの前哨戦《ぜんしょう》は、豊臣家の女同士のいさかいに端を発していた……そう考えてもよいでしょう。

なお、おねと家康の「関係」についてはいろいろと囁かれるものの、実証できる史料は残されていません。男女の仲というのではなさそうですが、政治的な駆け引きがあったことは間違いないと思います。後世に見られたらいけない手紙などは少なくとも死の前には処分するというルールが当時の上流階級にはあったので、「手紙がない」ということは、逆に「怪しい」のだともいえるのですが……。

豊臣滅亡後も、京都で悠々と余生を送る

大坂夏の陣の最終段階において、淀殿は秀頼とともに自害、難攻不落をうたった大坂城は炎上し豊臣家は滅んでしまいます。しかしその後、おねは徳川家の協力で新たに落成してもらった京都の高台寺《こうだいじ》で、徳川家の手厚い保護をうけながら暮らし続けます。彼女が亡くなったのは、なんと徳川家光が3代将軍に就任した次の年のこと。

信長、秀吉、そして家康と歴代の「天下人」のすべてに甘え、通常では得られない見返りを手に入れる——そんなことをやってみせた女は、おね1人でした。しかし徳川家の権威に守られ、彼女を悪く言う声は一切、おねには届かなくなっていたでしょうが……。

実在したのか？　超能力者か？
聖徳太子の「予言」とは

かつてその肖像が1万円紙幣に印刷されていた、聖徳太子こと厩戸皇子《うまやどのおうじ》。日本人のほとんどが知っている聖徳太子の名前ですが、現在ではその歴史的な正確性が疑われ、日本史の教科書の中での扱い方が議論を呼んでいます。

しかし『日本書紀』では、彼は「未然《みぜん》を知る」力のあるスーパーなカリスマ的存在として描写されています。これには裏があって――『日本書紀』が編纂《へんさん》された8世紀当時は、中国から学んだ土地と人民の支配システムである「律令《りつりょう》制度」が日本でも導入されつつあった時代でした。そんな大変革期を迎えていた中で、**日本初の公式史書『日本書紀』では、朝廷を率いる天皇家、その偉大な先祖の1人として聖徳太子こと厩戸皇子を「スーパーヒーロー」ばりに演出したかった**のだと思います。

ところが予言者としての聖徳太子のキャラクターは、その後『日本書紀』を編纂した時代の朝廷の思惑をはるかに超えて、ひとり歩きするようになりました。

「10人の話を一度に聞くことができた」など現代にも伝わる聖徳太子の「超人」のイメージを作り出したのは、彼が熱心に保護した法隆寺《ほうりゅうじ》など、有力寺院の仏教関係者だったと思われます。

「聖徳太子信仰」といえば聞こえはよろしいですが、中世には**「彼は観音様の生まれ変わり」**だとか、**「実はかぐや姫の孫にあたる」**（『聖徳太子伝』）とか、普通に考えてどうだろうという話が、一部の人々には本気で信じられてしまっていたわけで、民衆からの信仰、もっといえば寄付を集めたい寺院の「経済戦略」に、聖徳太子の名前が勝手に使われるようになっていたのですね。

平安の人々を震撼させた、聖徳太子の「予言」の内容

お釈迦様が入滅《にゅうめつ》して1000年が経過した、つまり「末法《まっぽう》の世」が始まった平安時代後期くらいからのことです。**「聖徳太子の予言」と称する文物が、その墳墓《ふんぼ》の近くの土中から箱に入って発見される**という事件がしばしば発生するようになりました。

この予言に人心はざわめきました。その予言が「日本の終わりが迫っている」という恐ろしげな内容だったからです。

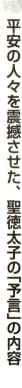

歌人であり、文学の知識も豊富だったあの藤原定家《ふじわらのていか》も、予言の真偽鑑定に加わったことがあります。彼の日記『明月記《めいげつき》』によると、鎌倉時代初期にあたる嘉禄3（1227）年4月12日、瑪瑙《めのう》の石の箱に刻まれた「聖徳太子の予言」を定家は鑑定させられたそうです。彼はその本文をキチンと記してくれています。

人王八十六代の時、東夷《とうい》来りて、泥王国を取る。七年丁亥《ひのとい》歳三月、閏月あるべし。四月二十三日、西戎《せいじゅう》来り、国を従へ、世間豊饒となるべし。賢王の治世三十年、しかる後、空より獼猴《みこう》、狗《いぬ》、人類を喰らふべし云々この予言の大意は……「人王八十六代」が第86代天皇を指しているなら、それはまさに時の帝・後堀河《ごほりかわ》天皇のことです。その御世に、複数の異民族の襲来が起きる。そして**日本のどこか（泥王国）は異民族の支配下に置かれる**というのです。しばらく世間は豊かになるが、その後は「獼猴」（巨大な猿）と、「狗」（巨大な犬）が空から降りてきて、人々を食べてしまうだろうという終末が記されているのです。

それでも藤原定家は、瑪瑙の箱に掘られたこの「予言」を偽物だと見抜いています。博学だった定家には、平安時代に流行した作者不明の予言詩『邪馬台詩《やまたいし》』の知識があったのかもしれません。そう、彼が鑑定させられた「聖徳太子の予言」は、『邪馬台詩』の次の表現や内容を安易に真似ていたことでボロを出していたのでした。

天命在三公（天命《てんめい》三公に在り）
百王流畢竭（百王の流れ畢《おは》り竭《つ》き）
猿犬称英雄（猿犬英雄を称す）

「天命三公に在り」の部分は、「権力が3人の大貴族の手に握られる」との意味。さらに「百王の流れ畢り竭き」は、**「天皇が１００代を迎えたとき、日本が終わる」**と読めます。

平安時代にこの『邪馬台詩』が流行ったのは、圧倒的なリアリティーがあったからでしょう。実際、平安時代の天皇はみな即位から10年たたないうちに、病気や藤原家の意向などを理由に次々と代替わりしていっています。１００代目の天皇の世はもうすぐというところまで来ていたのですね。

頻繁すぎる天皇の代替わりは社会不安の象徴でもあるのですが、それゆえに「もうすぐ天皇家も日本も終わり」と告げる、作者不明の予言詩『邪馬台詩』には人々を納得させるに足るパワーがあったのです。

藤原定家の生きた鎌倉時代初期は、源平合戦などの戦乱の直後にあたります。ですから予言詩の「**猿犬英雄を称す**」**の部分を（どっちが猿か犬かは知りませんが）平家と源氏のことを指している**と解釈したがる人も多かったはずです。

「聖徳太子の予言」が世間にもたらしたもの

定家らの冷静な対応が功を奏《そう》したのでしょう、世間の騒動は早くも夏頃には収束していきました。この「聖徳太子の予言」をねつ造したのは、確実に宗教関係者でしょうね。予言に記されたような「難」を避けるためと称して、民衆から多額の祈禱《きとう》代金をせしめるか、政治を操ろうとしたのでしょう。

そもそも当時は、寺院側の要求を朝廷が通さない場合、寺院が僧兵を送り込んで、暴力を振るう「強訴《ごうそ》」が多々ありました。聖徳太子の予言は心理版の強訴、もっというと恐怖心をあおる心理テロのようなものに等しい行為だったといえます。

不安を感じても確かな情報が手に入りにくかった古い時代、謎の予言ひとつで本気で恐怖をあおられた人々のことを笑うことはできません。それと同時に、そんな人々の不安に付け入ろうとする人間がいたこと……しかもそれが当時の宗教関係者だったという事実には、恐れを抱かずにはいられません。

島原の乱を率いた「天草四郎」は、架空の存在だった⁉

日本史最大規模の農民一揆となった島原《しまばら》の乱。

重税や労役を課されたことに不満を抱いた島原・天草の両地方の農民たちが「神のもとの平等」を説くキリスト教の信仰で結ばれ、天草四郎《あまくさしろう》という10代半ばの少年を総大将として寛永14（1637）年に蜂起《ほうき》した……というのが教科書的な島原の乱の説明です。

しかし、島原の乱当時の記録を見てみると、最初から怪しい部分が目立ちます。

まず、**マルコス・フェラーロ神父が『末鑑《すえかがみ》の書《しょ》』の中で「25年後に神の子が出現して人々を救う」と予言していたという大前提自体が虚偽**のようですから。

この部分は、島原の乱の主要な指導者の1人・山田《やまだ》右衛門作《えもさく》らによる、フェラーロ神父の名を借りた創作だと考えられています。

それゆえフェラーロ神父の予言の通り、天草四郎という奇跡の少年が現われた……

との「第一段階」がすでに怪しいのです。

　したがって、**天草四郎が「海の上を歩いた」とか「手の上にハトが卵を産んだ」などといったその手の逸話もすべて、山田など乱の指導者による創作**だと考えたほうがよいでしょう。

　さらに天草四郎が実在の人物だったかどうかということすら、かなり怪しいのです。モデルになったとおぼしい人物はいるとされています。しかし系図上、本名・益田《ますだ》四《し》郎《ろう》という男子がおり、彼が父・好次《よしつぐ》と島原の乱に加わったことまでしか、実際にはよくわかっていません。

　寛永15（1638）年1月頃、乱の最終段階において一揆の参加者たちは小規模な城塞・原城に押し入り、立てこもりを始めます。

　その前段階くらいまで益田四郎という人物が活動し、人気を集めていた「らしい」ことはわかっていますが、天草四郎と益田四郎は「四郎」という名前が同じなだけで、益田四郎の面影が、超人的な逸話が語られる天草四郎に反映されているのかも不明だといわざるを得ないのです。

「天草四郎本人」を見た者はいないという奇妙さ

さて、原城に参加者たちが籠城したとき、女性や子どももふくめて4万弱もの人々がいたとされます。島原の原城の中で四郎と彼の父は原城の本丸にこもり、ずっと祈っているということになっていました。

したがって、彼らが信者たちの前に姿を見せることは、ほぼありませんでした。

信者の前に四郎が姿を見せるときも、次のような特殊な現われ方をしたといいます。

「四郎を真ん中にして、十六、七の前髪の若者二十人ばかり、四郎のごとく立たせ（略）金のひょうたんの馬じるし持たせ、白旗をさしなびけ、白支度して、ひたいにクルスを立てければ（略）その勢い雲霞のごとくなり」（『四郎記』）

要約すれば**同じ白装束の16〜17歳の若者たちが20人ほどの集団で現われるのですが、「あの中に四郎様がいる」としか説明されない**わけですね。

これは、四郎の神秘性を高める演出だと考えることもできるでしょうが、四郎の不在を隠すための方便だともいえるわけです。

「益田四郎」は、籠城中にすでに他界していた？

原城に民衆たちが籠城して約1カ月後、幕府軍がついに思い切った行動に出ます。2月1日、満7歳になる益田四郎の実の甥・益田小兵衛を原城に遣わしたのです。彼は時の将軍・徳川家光からの書状を持っていました。しかし**小兵衛が会えたのは「知らない人」たちだけ**でした。

この時点で小兵衛が「知っていた人」、つまり益田四郎やその父は、本当はすでに戦死していたのかもしれません。

家光からの書状の大意は「これから幕府軍は原城を兵糧攻め《ひょうろうぜ》にするつもりだが、キリスト教を捨てるなら、投降者《とうこう》は皆助ける。これまでの投降者もみな存命している。

天草四郎も誰かに操られているのであろうから助ける」などという、きわめて甘い処遇をほのめかしたもので、城中の民衆の結束を乱すことが目的でした。

しかし、この書状の内容は民衆には伝えられなかったようです。

それどころか、この書状が届いた同日中に、乱の指導者層からは四郎の名前で民衆に向かって次のような「お触れ」が出されています。

「お前たちはすでに罪人である。水汲《く》みや薪《まき》とりの名目で城外に出て行く者がいるそうだが、ちゃんと働けば天国に行ける。しかし持ち場を離れれば地獄に堕《お》ちる」。

これも1人でも多くの農民に殉教《じゅんきょう》の美名をちらつかせ、投降させず、死ぬまで戦わせるための工夫だったとしか考えられません。

「四郎を名乗る1人の少年」が姿を現わした、ただ一度の記録

また、一揆参加者の前で、四郎は奇跡を起こしたり、演説したりしていたのでは、というイメージがあると思います。

しかし、意外なことにその機会は史実では「ほぼ」なかったようです。少なくとも

記録があるのはたった一度だけ。このときは、何人もいる少年のうちの1人のどれかが四郎という形式ではなく、自らを「大将」四郎だと名乗る奇妙な姿の1人の少年が民衆の前に姿を現わしたという証言が、一応あるのです。

これは投降した数名のうち、雅楽助《うたのすけ》という60代の男性の証言です。日時は不明ですが、おそらくは乱の末期のことだと思います。

「大将ハ四郎と申候て、年十五六ニ罷成候、かしらの毛あかく御座候、本丸ニ罷有候、此度取詰候て以後、一度二ノ丸迄出申候由（略）」

……つまり、これまでは本丸にこもっているだけだった四郎が、庶民たちがいる二の丸に姿を見せた、というのです。しかもこのときの四郎の頭髪はなんと赤かった、と。しかしその「効果」について雅楽助は何も語っていません。

おそらくは**乱の末期において、当然のことながら「四郎様は本当にいるのだろうか」という懐疑《かいぎ》の念が広まっていた、民衆の心をつなぎとめるための下手な演出だったのではないか**、と思われます。

詳しいことはこれ以上、何もわかりませんが、四郎が赤い髪をしているのは、彼を南蛮人こと西洋人に関連づけたかったからかもしれませんね。

異様に〝豪華すぎる〟衣服を着た投降者たち

そもそも「神のもとの平等」をうたっているはずの島原の乱には大きな矛盾がありました。貧苦な生活の改善を訴えた農民一揆にしては組織内での身分差・待遇差が厳然としすぎているのです。天草四郎をはじめとする一揆の主導者層は原城の本丸に隠れた「特権階級」でした。

寛永15（1638）年2月27日の早朝から、原城は幕府軍の総攻撃を受けています。その午後、天草四郎の小姓（史料では「四郎が小姓ども」）を名乗る男女11名が城の本丸から投降してきたのですが、彼らの衣服は「特殊」でした。

男子は「繻子《しゅす》の小袖」など、女子は「縫箔《ぬいはく》の小袖」を3、4枚も重ね着するという豪華さなのですね（これらの資金の出処は不明ですが、本丸にこもっていた、その他の指導者たちの原城での生活もこのように贅沢なものだった可能性があります）。

さらに興味深いのは2月27日午後、**幕府軍に投降した若衆たちの誰1人として「四郎を実際に見たことがない」と発言している**点です。

つまり、天草四郎は本当は存在などしていなかった。

乱の指導者たちが大勢の農民をたばねるために、理想化された非実在のカリスマ的リーダー・天草四郎のイメージ像を、必要に駆られ作り出したにすぎないと考えるのが妥当だと思われるのです。

「島原の乱」の真の目的とは何だったのか?

乱の目的自体が、そもそも大きな謎です。

本当に島原の乱が、農民の待遇改善を求める一揆なら、なぜ戦のプロである浪人武士を大勢雇わず、特に役にも立たない若衆などを集め、大事な軍資金を彼らの豪華な無為《むい》の生活に使っていたのでしょうか?

筆者の見解ですが、四郎の小姓とされながら、四郎の顔も知らない豪華な装いの若衆たちは、ポルトガルのアジアにおける重要な植民地にして貿易・軍事の拠点であったマカオから派遣された軍艦が到着したとき、**ポルトガル人たちの目に最初にふれさせ、日本のキリシタンの印象をよく見せるためのいわば「マネキン人形」だったのではと思われます。**

さらにいえば、島原の乱の究極の目的は、当地の農民の生活向上とかそういうものではなく、幕府を転覆させよう、ひいてはキリスト教の新国家を作ろうという「テロ」だったのではないのでしょうか。

大規模なキリスト教徒による反乱を1日でも長く起こしていることで、植民地を増やしたいという下心を持つポルトガルなどキリスト教国が、同じキリスト教徒である島原の農民たちの保護をうたって援軍を差し向ける可能性は上昇しますから。

しかし、乱の指導者層のもくろみは外れ、2月末の幕府軍による総攻撃の開始からわずか2日のうちに、天草四郎ら指導者をふくむ一揆の参加者は「全滅」。

数名～十数名程度の投降者をのぞいて、4万人もの乱の参加者が全員「死にたえた」のでした。信仰の名において、ここまでの被害が起きてしまったのは恐ろしいのひと言ですね……。

シャーマンクイーン・卑弥呼は、どのように死を迎えたか？

『魏志倭人伝《ぎしわじんでん》』に「鬼道《きどう》に事《つか》へ、衆を能《よ》く惑《まど》はす」と書かれた卑弥呼《ひみこ》。３世紀頃の人だといわれています。

彼女は高い塀のある宮殿の奥に暮らし、１０００人もの召し使いを持ちながらも、食事の給仕や伝言の取次ぎなどの直接的なコンタクトをとらせていたのは１人の弟だけでした。

彼女が女王として治めた邪馬台国は、小国が30ほど集まった連合国です。卑弥呼が女王として即位する前には乱れていたのに、卑弥呼が「鬼道」を用い、「民衆を惑わせる」ことによって見事に平定できたというあたりはさらに注目されます。古代中国の言葉で「鬼道」といえば、道教由来の呪術のことですからね。

実際、卑弥呼が即位するまでは天候不順ゆえに農作物が不作だった年が多かったという記録もあります。

また現代日本では「鬼道」の解釈として、「神のお告げを聞いた」程度にマイルドに表現されていますが、実際の卑弥呼には「敵を呪殺できた」「天気を自在に操った」……とまではいかなくても、少なくともそれに類似することが可能だと周囲を納得させられるだけのパワーがあったのではないかと考えられます。

彼女の「呪力の弱まり」が、民衆に感じ取られ始めていた？

このように一介の巫女《みこ》のレベルを通り越し、いわばシャーマンクイーンとして絶大な成功を収めた卑弥呼は、その見返りとして、極めて贅沢な暮らしができていたようです。しかし、**呪力の強さに翳《かげ》りが生まれた晩年、殺されてしまったのではないかという不穏な説**があります。

卑弥呼の死因については、『魏志倭人伝』では「卑弥呼以《も》って死す」としか記されていないため、謎に包まれているのです。

彼女が亡くなったのは一説に２４７年だとされますが、彼女の死の前には周辺国である狗奴国《くなこく》との紛争が起こっており、卑弥呼は魏にその報告をし、中国帯方郡《たいほうぐん》から邪馬台国に魏の役人・塞曹掾史張政《さいそうえんしちょうせい》が派遣されたという記録もあるのです。

自身の呪詛の力では紛争をおさえるのに不十分であり、その鎮圧に中国からの支援をも必要としてしまったあたりから、神秘の女王・卑弥呼の呪術力の弱まりが民衆にも感じとられ、それが問題視され始めていたのではないかと考えられます。

太陽が欠ける「皆既日食」がもたらした恐怖

また、卑弥呼にとって不運だったのは、**この卑弥呼の死亡した年に、九州から近畿にいたる幅広い地方で皆既《かいき》日食現象が見られた**といわれていることです。

当時の日本にはまだ文字がないため、具体的なことはわかりませんが、日本だけでなく世界各地で、いわば太陽が闇に侵される日食を「不吉なもの」とする傾向は古代からありました。

ちなみに戦国時代の後期にいたっても、日食とはケガレをもたらす、恐ろしい災害でした。あの織田信長が天正10（1582）年の「本能寺の変」で討たれる直前まで行なっていた「仕事」のひとつが、当時、起きたばかりの日食を予言できなかった古い暦の使用停止を朝廷に求めることだったのは有名です。

その頃ですら日食の光は最大のケガレのひとつと考えられ、実際に日食のたびに御所の建物を菰《こも》ですっぽりと覆い、天皇らを「守る」ことが行なわれていました。

戦国時代の後期ですら、日本人にとっての日食はそれだけで災害の扱いだったわけですから、3世紀の日本ではさらに日食が恐れられていたとしても、むしろ当然だったと思われます。

また、**太陽が蝕《むしば》まれる日食が起きてしまうこと自体、卑弥呼……つまり「日の巫女」の力の衰えを象徴している**と考えられてもおかしくはありませんよね。

そもそも古代では、太陽と月という天体の動きによって日食は起きるという「理由」すら、誰も理解できていません。このため日食が起きた責任をとらされ、卑弥呼のクビも文字通り飛んでしまったのではないでしょうか。

古代において強大な権力を手にした者は、それにまつわる重大な責任を負うことになり、もし共同体に不利益をもたらすようなことがあれば、命をもってつぐなわざるを得ない……文化人類学の古典『金枝篇《きんしへん》』の記述を思い出すまでもなく、このような掟の存在が卑弥呼の死の裏にもあったのではないか、と感じずにはいられません。

神秘の力の衰えは、王の敗北を意味し、それはむごたらしい死を迎えることと同義だったと思われます。

卑弥呼は結婚せず、子どもも（少なくとも公式には）いなかったのですが、それらも「神」に捧げた成功の代償のつもりだったのではないでしょうか。古代日本で権力を握るということには、恐ろしい代償がつきものだったようです。

神功皇后VS.日本各地の土蜘蛛の「呪術対決」

大和朝廷が主導し、8世紀に成立させた最初の「公式」日本史である『日本書紀』。この書物に、日本史上最強の女性といわれる神功皇后《じんぐうこうごう》が登場しています。彼女は第14代・仲哀《ちゆうあい》天皇の皇后であり、実際には女帝として即位した事実はないのですが、第二次世界大戦前まではカリスマ性の高さから天皇の1人として扱われていました。

朝鮮半島への出兵を命じる神託に逆らった罰を受けた夫・仲哀天皇が亡くなると、神功皇后は身重であるにもかかわらず出兵を開始します。そして自らリーダーとして軍を率います。しかもその際、**石をお腹に巻くことで出産時期を遅らせた**とか。

なお仲哀天皇は伝説的な存在……つまり実在したかどうか定かでない人物であり、神功皇后も同様の扱いをされることはあります。2世紀末から3世紀初めくらいの人物だったとされてはいますが、このため出兵自体が事実かどうかの時点で諸説あります。

ただし興味深いのは、『日本書紀』などでは、〝卑弥呼を超えるヒロイン〟として神功皇后のキャラクター像が作られているように読める点です。

『日本書紀』に記されたスーパーヒロイン・神功皇后

邪馬台国の卑弥呼は独身で神事に没頭し、弟が政治や軍事を担当するという体制だったようですが、神功皇后はその名の通り既婚者です。

神功皇后は卑弥呼のように神託通りに行動しますが、夫・天皇の代わりに軍人にもなれば、母としては自在に出産時期をずらして子も産むという、家庭も仕事も完全両立型のスーパーヒロインなんですね。

そんなスーパーヒロイン・神功皇后が率いる、大和朝廷は破竹《はちく》の勢いで各地のカリスマたちを倒していきます。

大和朝廷のライバルとなった各地の王やリーダーたちは、性別を問わず**「土蜘蛛《つちぐも》」**という侮蔑《ぶべつ》的な名で呼ばれています。「土」とはほら穴や掘った穴を住居とする、古

歌川広重が描いた、朝鮮半島へ出征する神功皇后

代さながらの穴居《けっきょ》に住んでいたため、また「蜘蛛」とは手足の長さゆえだそうです。

『日本書紀』の「神功皇后」の項目に、山門《やまと》（筑後）の土蜘蛛・田油津《たぶらつ》媛《ひめ》が巫術で人心をたぶらかせるので、大和朝廷では誅殺《ちゅうさつ》を決定し、軍勢を送ったという記述があります。

兄の夏羽《なつは》が軍勢を率いて妹の田油津媛を守ろうとしたが、その田油津媛が殺されてしまうと、たちまちに逃げてしまったそうです。

ちなみに田油津媛と夏羽は、「呪術を使う女性が王として君臨し、その兄弟が軍事を担当して支える」という卑弥呼と同様の支配システムをとっていることが注目されます。

そんな「古い」統治のシステムを踏襲している彼らは、**男女別だった役割を1人ですべてこなしてしまえる新型のスーパーヒロイン・神功皇后（の軍勢）を前にしては勝てない**のですね。

「負ければ妖怪扱い」の、古代の戦争

この時代の戦争の本質とは、呪力という名のカリスマ性を帯びた支配者同士の一騎打ちでした。神功皇后時代の逸話だけでも、『日本書紀』には「超能力者」と呼ぶべきリーダーたちが各地に君臨していたことがわかります。

逆にいえば、リーダーの必須条件が呪力だったということです。たとえば現在の岐阜県に相当する「飛騨国《ひだのくに》」には「宿儺《すくな》」という妖女がおり、彼女には二つの身体が背中合わせで付いていたそうな。

「力強く軽捷《けいしょう》で、左右に剣を帯び、四つの手で二張りの弓矢を用いた」（『日本書紀』）という、妖怪めいた外見と身体能力の持ち主でしたが、彼女もまた、神功皇后というカリスマから派遣されてきた大和朝廷の軍隊には敗れてしまいました。

宿儺のエピソードからわかるのは、**一度でも負ければ権威は地に堕ち、かつては神**

のような扱いを受けていても、勝者からは妖怪のように扱われてしまうことです。

しかしここで興味深いのは、見た目が劣る、気持ち悪い存在として土蜘蛛が描かれているばかりではないという点です。「顔きらきらし（容貌が優れているの意）」の他、高身長だとか腕力であるとか、大和朝廷の民よりも優れている点を素直に認めているのですね。

現代日本でも、地域によって外見に違いがあることは事実ですが、この当時はさらに違いは大きく感じられたのでしょう。生活習慣の違いだけでなく、いかにもお互いを「異民族」と思わせる外見の違う人々が日本列島にたくさんいたらしいことは大変に興味深いですね。

「茨城」の地名の由来となった、壮絶な土蜘蛛の死

彼ら土蜘蛛を次々と征伐、究極の「勝ち組」となった大和朝廷による日本各地平定の記録は8世紀の『日本書紀』成立後も続き、『風土記《ふどき》』としても編纂されました。『風土記』では、各地の土蜘蛛たちが恐ろしい死に方をしていくさまがしばしば描か

れます。

現在にも伝わる「茨城」の地名の由来となったのは、大和朝廷の派遣した役人が茨で城塞を築き、それを攻めようとして傷を負った土蜘蛛たちが、病気になって衰弱死したというむごたらしい故事からきたものだそうです。

それにしても茨の城塞とは、何かの呪術の象徴なのでしょうか……？　単に軍事力のみをもってして戦うのではなく、どこか呪力をからませることで支配者としてのステイタスを高めるという考え方には、古代特有の価値観があるように思えます。

坂本龍馬の暗殺を命じた〝黒幕〟は誰か？

慶応3（1867）年11月15日、坂本龍馬は同じ土佐藩出身の盟友《めいゆう》・中岡慎太郎《なかおかしんたろう》とともに潜伏先の醤油問屋・近江屋《おうみや》の2階にある8畳間で暗殺されています。偽名を使っての潜伏中でした。

当時の日本中の多くの勢力から、龍馬が命を狙われていたのは事実です。歴史読み物の世界では犯人は謎のままだとされていますが、史学上、実行犯はすでに明らかになっています。

複数いた実行犯の中心人物とは、会津藩の監督のもとに幕末の京都を警護する役割を担っていた「京都見廻組」に所属していた今井信郎《いまいのぶお》という男でした。

江戸の旗本《はたもと》の家（将軍直属の身分の高い武士）に生まれた今井は、龍馬暗殺成功後、さらには大政奉還による幕府瓦解の後も戦い続け、明治2（1869）年、箱館戦争（五稜郭の戦い）で負傷し、ようやく降伏しています。つまり「徳川の正義」を疑わない人物でした。

降伏時の取り調べで、今井が龍馬殺害に「協力」したという「余罪」を自供したため裁判が開かれました。しかし、明治5（1872）年、禁固刑の刑期を「特赦《とくしゃ》」で終えて出てきています。約3年の服役でした。罪状が龍馬殺害に協力した「だけ」にせよ、現代では考えられないほど軽い処罰なのが気にかかりますが。

「龍馬暗殺の罪」で処刑されていた人物がいた？

実は近江屋事件の直後、新撰組の大石鍬次郎《おおいしくわじろう》という人物が捕縛され、拷問の末に罪を自白、その後供述を覆し、真犯人たちの名を言及するも（この中に今井の名もあった）、結局、なぜか大石鍬次郎のみが死刑にされるという顛末となっていたのです。

近江屋があったのは、新撰組のテリトリーである町人街でしたから、まず新撰組に容疑の目が向けられるのは、当然の結果だったとは思います。

こうして先述の通り、新撰組の大石鍬次郎という人物が処刑されてしまったのですが、彼の死は冤罪《えんざい》だったということですね。

そういう経緯もあるからか、今井が龍馬殺害について「協力した」のではなく、自分の手による犯行だとハッキリと認めたのは、時効が成立した後の明治33（1900）年になってからでした。そしてこのとき、今井以外に龍馬殺害に加担していた見廻組のメンバー2人はすでに亡くなった後でした。

そのため、龍馬殺害現場での証言や、メンバーが遺した資料とでは食い違いが多く、歴史ファンの間では、今井をはじめとする見廻組たちはあくまでダミーの犯人であり、実は別の真犯人（たとえば西郷隆盛など）がいるとも考えられがちです。

しかし……剣豪として知られ、当時の平均身長を20センチほど上回っていた背の高い龍馬を相手にし、その後は迅速に立ち去らねばならなかった殺害時のいわば死にものぐるいの記憶を、長期間クリアに保つのは難しいことではないかと思われます。

龍馬殺害は見廻組の犯行という結論に、異論を挟む余地はないと考えられます。

将軍直属の武士を中心に組織された「京都見廻組」

それでは、今井信郎らが所属していた「京都見廻組」とは、どのような組織だったのでしょうか。同時期、京都の治安維持を目的としていた武力団体には、先述の通り「新撰組」もありました。

やっていることは両者ともに、幕府目線での治安維持を目的とした殺人行為でしたが、両者には大きな違いがありました。武士の身分以外の出身者も多かった新撰組に対し、見廻組は将軍家直属の高位の武士・旗本を中心とした組織です。

京都守護職を務める松平容保が藩主であった会津藩の「お預かり」だった新撰組と、この京都見廻組の活動時期はかぶりますが、両者が共同で動くことはあまりなかったといわれます。なぜなら「身分の差」が強く意識される時代だったからです。

それこそ、龍馬が潜伏していた近江屋があった歓楽街などを活動の中心とする新撰組と、二条城など官庁街を中心とする京都見廻組は、完全に区分された存在でした。

さて見廻組のリーダーである「見廻組頭」は佐々木只三郎《ささきただ さぶろう》という人物で、会津藩の公用人・手代木直右衛門《てしろぎすぐえもん》の弟にあたります。そして手代木には、実に興味深い証言があるのです。

大正に入ってから明らかにされた〝暗殺を命じた諸侯〟

明治37（1904）年に亡くなる直前、**手代木は「自分の弟・佐々木只三郎こそが坂本龍馬を殺した真犯人である」と証言**しました。以下は大正12（1923）年に出版された、手代木家私家版「手代木直右衛門伝」なる文書からの引用です。

「手代木翁死に先たつこと数日、人に語りて曰く坂本を殺したるは実弟只三郎なり、当時坂本は薩長の連合を謀り、又土佐の藩論を覆して討幕に一致せしめたるを以て、深く幕府の嫌忌《けんき》を買ひたり、此時只三郎見廻組頭として在京せしが、某諸侯の命を受け、壮士《そうし》二人を率い、蛸薬師《たこやくし》（※地名）なる坂本の隠家を襲ひ之を斬殺した（略）」

この内容を要約すると、年老いた手代木が亡くなる数日前に告白したことによると、彼の実弟・只三郎が、幕府からにらまれていた龍馬を処分した。それは**ある「諸侯」による命令**だった……というのです。

手代木は、秘密を墓場までこのまま持っていくのは、どうしてもイヤだったようです。しかしそれは殺された龍馬への懺悔《ざんげ》というより、**「あの」龍馬を、自分の弟が討ち取ったことを歴史に残しておきたかったという一心**がうかがえるように感じます。

このとき、その「諸侯」だと目される松平容保は、明治26（1893）年12月5日に亡くなった後でした（この証言をした手代木の身分は元会津藩士です）。

手代木の発言通り、佐々木只三郎本人が手を下したとの説もありますが（佐々木も剣豪）、先述の今井には妻による「事件当日、仲間と何やら話し合った後、ふらっと出ていき、3日帰らなかった」という証言に加え、犯行現場の状況が今井の証言と一致したという事実もあるため、佐々木に指示を得た今井（ら）の犯行と考えて問題ないでしょう。

何より重要なのは、あの松平容保が龍馬殺しの黒幕という仮説が浮かび上がってくることです。

龍馬の死の前日に面会していた〝裏切り者〟

龍馬暗殺における松平容保黒幕説の証拠となるのは、次のような逸話です。

龍馬が母親のように慕っていた寺田屋旅館の女将・お登勢《とせ》は、近江屋事件の直前、暗殺を恐れ潜伏している龍馬に手紙を書きました。「近江屋近辺が敵にマークされているようだから、今のうちに薩摩藩邸などに移動してほしい」という内容でした。

ところが龍馬からの返信には**「数日前に（旧知の）永井尚志《ながいなおむね》（＝永井玄蕃《げんば》）とともに松平容保に密会した。生命は守ってやると約束された」**とあったのだそうです。

この手紙は現存しておらず、噂の出所にも多少難はあるにせよ、文面を信じるなら、松平容保が見廻組に直接、龍馬暗殺の指示をしたという説に何の矛盾もありません。

龍馬の生命を守るためには、どこに龍馬が潜伏しているかという情報が必要ですし、彼ならすぐに見廻組に命令を下すことができますから。

ここで改めてカギとなってくるのは、松平容保と並んで龍馬と密会したという永井尚志という人物です。

この人の名にはなじみがないかもしれませんが……実は松平容保とは異なり、**永井には、暗殺前日に龍馬と面会したという動かしがたい事実がある**のです。つまり、状況証拠的には見廻組に龍馬殺害を直接に命令したのは、松平容保よりも永井だったと考えるほうが自然だといえるかもしれません。

幕府で若年寄《わかどしより》を務めている、高位の武士である永井のことを、一介の素浪人《すろうにん》である龍馬は**「ヒタ同心（自分とピッタリ同じことを考えている人）」**などと気安く呼び、信頼し、尊敬の念も見せていました。あるいは例によって、そういうふうに龍馬は演じていたのかもしれませんが。

ところがその永井のほうが、龍馬よりも何枚も上手だったようです。人の自分への好悪を見抜き、徹底的に利用するところは利用もしてきた龍馬を、逆に永井はたくみに騙し、手なずけ、味方になったかのように振る舞いながら、さまざまな情報を引き出し、最終的に殺させたとするなら、本当に恐ろしいことですね。

偶然とは思えない〝確固たる証拠〟

しかもこれは恐らく憶測ではありません。

龍馬が頻繁に訪ねてきていた永井尚志の屋敷の隣が、あの（龍馬殺害犯の容疑のある）見廻組頭・佐々木只三郎の下宿だったのですから。これはとても偶然とは思えませんよね。

永井尚志は文化13（1816）年、三河奥殿藩《みかわおくとの》藩主・松平乗尹《のりただ》と側室との間に江戸で生まれました。旗本・永井家の養子に出てはいますが、徳川家の縁戚にあたる人物です。

また文久3（1863）年8月18日の「八月十八日の政変」では、松平容保らとともに、幕府にとって煙たい存在である長州藩と攘夷派公家たちを、権力の座から追い落としたこともありました。

つまり、永井尚志と松平容保の信念や利害関係は実はかなり近いものでした。永井なら龍馬暗殺のために、松平を動かすことも可能であったはずです。要するに松平も龍馬暗殺に濃厚に関与していた疑惑は、ぬぐえないということ。

龍馬の暗殺を新撰組ではなく、「徳川の身内」である旗本出身者で作られた京都見廻組が担当することにも、大きな意味があったのでしょう。

坂本龍馬殺しは、「徳川の身内」による龍馬への怨念が、永井尚志という龍馬以上の食わせ者の指図によって実現した事件だったのです。

滝沢馬琴を驚愕させた「男が子を産んだ話」

我が国初の職業的ベストセラー作家といわれる滝沢馬琴《たきざわばきん》。彼は小説のネタを探すためと称し、噂を求めて江戸の街を出歩いていたそうです。

そんな馬琴のエッセイ『兎園小説余録《しょうせつよろく》』には、ある大柄な男性が突然出産したという、不思議で少し怖い話が収録されていました。

蕎麦屋で働く男に起こった〝前代未聞の珍事〟

文政時代（19世紀初め）の江戸は麹町《こうじまち》13丁目に、ある人気の蕎麦屋《そば》があったそうです。そこで吉五郎という27～28歳の男が働いていました。

彼は背が高くて丸顔、骨太でガッチリとしており、背中の極彩色の彫《ほ》り物が立派だったそうな。出前係の吉五郎は、下はモモヒキ、上は「腹掛け」というエプロン状の下着一丁で元気に走り回っておりました。背中が露出した状態なので、筋肉の動きにあわせてその彫り物がうごめくように見えていたことでしょう……。

ところがあるときから、吉五郎のことを**「あの人は、〝偽男子〟だ」**という噂が広まり始めました。人前で、吉五郎が腹掛けを外して諸肌《もろはだ》脱ぎになることがかたくなな までになかったからともいいます。

その「疑惑の」吉五郎があるとき、なんと出産したんですね。蕎麦屋の居室で苦しみ出した彼を心配し、見に行った主人の目に飛び込んだのは、吉五郎が出産している姿だったそうです。

「男が子どもを産んだ」という噂が噂を呼び、野次馬が遠くから彼のことを見に集まって、蕎麦屋の商売に支障をきたしたのでしょう。吉五郎はクビになってしまいます。しかし吉五郎の産んだ子は蕎麦屋の主人が引き取って、育てることになりました。吉五郎のお相手は四谷に住む博打《ばくち》打ちの男だったとか。

その後の吉五郎は木挽町《こびきちょう》（現在の東銀座）のあたりで暮らしていたそうですが、麹町の蕎麦屋に置いてきた我が子に会いに行くことはなかったというあたりに、その遠慮とつらさが身にしみてわかるようです。そして天保３（１８３２）年の９月、吉五郎は突然、町奉行の命令で牢獄に入れられてしまっています。

11月にはいかなる理由か、素早く出獄できたそうですが、吉五郎の過去はすでに噂好きの江戸っ子たちにすべて伝わってしまっており、山のような群衆が彼の顔を見に来たとか。しかしその後、吉五郎にまつわる情報は何も残されていないのです。

性別が変わる？「変生男子」「変生女子」とは

さて、吉五郎のような例は、科学的に実証できるものなのでしょうか。

吉五郎が何者だったかを知る手立ては現在には残されていませんが、両性具有《りょうせいぐゆう》だったという説もあります。生殖能力のある両性具有はさらに珍しいとのことですが……。

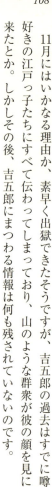

人生の中で「性別が変わってしまった」という可能性もあります。実はその手のケースは江戸時代に記録されているだけでもしばしば存在したとされるのです。

女子として生まれたはずの子が、成長するにつれてなぜか男性になっていくという事象は、「変生男子《へんじょうなんし》」などと仏教用語を使って呼ばれ、本人や家族の信仰の証として肯定的に語られることはあり得たようです。

ずいぶん不思議な現象だと思うかもしれませんが、現代ではある程度の説明はつきます。新生児の性別は、性器を確認して行なわれますよね。それは現代でも同じなのですが、性器の形状が男の子とも女の子ともつかないケースがあり、その場合は親の判断で、どちらかの性の持ち主として育てられるのです。

ところがその子が成長とともに、親たちが決めたはずの性別とは異なる性別的特徴を示し始める場合があります。

つまり女子として育てていたのに、身体的な特徴が男子化し始めたので、男子に変わる。もしくは男子として育てていたのに、身体的な特徴が女子化……というような。

そういう人たちのことを「変生男子」もしくは「変生女子《にょし》」として、昔の日本では理解しようとしていたのですね。

しかし、男性が女性化する「変生女子」は、当時の仏教における男尊女卑的な価値観もあるでしょうが、あまり喜ばれないものでした。吉五郎のケースは「変生女子」だったのかもしれません。少なくとも彼の時代には、科学的なことは何もわかっていなかったはずです。

また、滝沢馬琴は、「吉五郎が女性として結婚したが、あるやむを得ない事情で夫を殺し、江戸に逃げてきた」という噂についても言及しています。

つまり、本当は吉五郎は「最初から女だった」というのですが――それはそれでつらい人生だったろうと思われます。

ひょんなことで授かった子どもとの縁も、泣く泣く切らねばならなかった吉五郎はその後、どうなってしまったのでしょうか……。

3章 天下人をも震え上がらせた〝怨霊〟たち

——死後もなお〝生き続けた〟存在

平将門の「首塚の呪い」——知られざる真実とは

日本の歴史を突き動かす原動力のひとつは、呪いでした。20世紀になってからですら、「いにしえの呪いが生き残っている」と人々を震え上がらせる事件も起きました。たとえば、現在でも恐れられている「平将門《たいらのまさかど》の呪い」です。

呪いの話をする前に、平将門その人についてあまりご存じない方もおられるかもしれないので簡単に触れておきましょう。平将門は平安時代中期の地方武士です。

もともとは皇族出身の先祖がいた将門は、血筋の正しさについては折り紙付き。しかし、現実的な身分としては田舎暮らしの地方武士にすぎず、30代にして無位無官《むいむかん》のまま。出世はもはや絶望的となっていた彼は、朝廷から派遣された役人たちがいる常陸国府《ひたちこくふ》を焼き払い、役人たちを都に追い返したのち、**何を血迷ったのか自分は「新皇《しんのう》」、つまり新しい天皇であると宣言**までしてしまいます。

その後、朝廷が派遣した軍隊との争いが始まり、藤原秀郷《ふじわらのひでさと》という武将の手によって将門は討たれてしまった……というのが天慶3（940）年のこと。

将門の首塚のいわれは、京都でさらし首にされていた将門の首が、生まれ故郷である現在の茨城県を目指して飛んでいるさなか、落下した場所（大手町）に作られたとされるものです。

他には将門が敗死した後、一族の者たちもまた追われる身となったので、茨城から現在の首塚あたりにまで逃げ延びてきていた。そして都から「貰い受けた」将門の首も茨城ではなく、当地に埋めることになった……ともいわれていますが、とにかくどこか怪しいニオイがする逸話ばかりですね。

首塚の場所は、もともとは「古墳」だった！

大正12（1923）年、関東大震災でこの将門の首塚も崩れ、それをきっかけに調査が行なわれることになりました。そのときの調査で、**将門の首塚の地には、もともとは5世紀頃に作られた円墳もしくは前方後円墳があったことが明らかになっています。**

つまり、この塚は、平将門に直接ゆかりのある史跡ではなく、彼よりも古い時代に生きていた、**氏名不詳のある貴人《きじん》のお墓が「将門伝説」に結び付けられてしまったもの**だと科学的に証明されたということなんですね。

そもそも江戸時代には将門の首塚以外にも、将門の首を祀ったと自称する神社などが複数個、江戸市中には存在しました。たとえば現在、JR飯田橋駅の近くにある筑《つく》土《ど》八幡《はちまん》神社は「将門誅せられし後、その首級を（略）斎《いは》ひて築土明神となす」（『江戸名所図会』）とされていた施設を源流のひとつとして持つ神社です。

将門がいくら京都から関東まで首ひとつで飛んで戻ってこられる超人的な存在だったとしても、首がそうそういくつもあるとは思えません。

首塚を取り壊そうとする者には「呪い」が降りかかる

しかし……前述の大手町の首塚が無残にも壊され、地震で壊れた大蔵省の仮庁舎がその跡地に建てられようとした前後から、将門の呪いと考えられる「異変」が起こり始めました。**大蔵省の役人や工事関係者にケガ人や死亡者が相次ぎ、当時の大蔵大臣をふくむ14人が2年間にうちに次々と亡くなったのです。**

前述したようにこの大手町の首塚は、将門とはまったく関係のない人物の古墳であ

東京・大手町の「将門の首塚」

ったと発表された後なのに、すべては「将門の呪い」であるという噂がなぜか広まりました。その結果、仮庁舎は取り壊され、昭和3（1928）年には将門の慰霊祭も大々的に行なわれました。

それでも、将門の死から1000年目に相当する昭和15（1940）年、塚のあった大手町周辺が落雷による大火事に巻き込まれます。さらに第二次世界大戦時の空襲によって、将門塚のあたりは幾度となく焦土と化しました。

戦後はアメリカ軍によって周辺の土地が接収され、ブルドーザーによる整地が行なわれ始めます。しかし、飛び出た石が原因でブルドーザーが横転、複数の日本人が下敷きになって重傷もしくは死亡するなどの大事故が起きました。

調査の結果、**事故の原因となったのは将門塚の一部の石**だったと判明、ついにはGHQが了承した結果、塚があった土地は別目的に利用されず、残され復元されることになりました。いずれにせよ、将門の呪いが発動するきっかけは「将門の首塚」に無遠慮な調査・開発の手が入ってしまったことだったらしいのです。

日本史上で「怨霊」になる人物、ならない人物

こうしてその存在を国際的にも知らしめてしまった怨霊・平将門ですが、ここから興味深いことがわかります。日本の歴史で死後、怨霊化する人物にはひとつの傾向があります。**非業《ひごう》の死を遂げても民衆から「人気がある」人物――たとえば源義経などは怨霊にはなったとは考えられにくかった**ようです。

しかし、一般人の目から見て有名でありながら「何を考えていたかよくわからない」というような人物は好んで怨霊にされました。たとえば菅原道真がその例ですね。

それでは平将門も……？　というと、そうではないのです。というか、そうではないどころか、将門は「人気者」だった時期が長かったのです。

実は江戸時代くらいまで、具体的な平将門の祟りや呪いはあまり報告されていないんですね。逆に「朝廷の無慈悲な支配に立ち向かった関東の武士」として、ヒーロー視すらされており、武士の一族には自分の系図を平将門につなげるのが流行ったこともありました。

しかし、**江戸時代になると、どんな理由があるにせよ、謀反人《むほんにん》は最大の悪人という考えを徳川幕府が広めたこともあり、平将門悪霊伝説が生まれ始めます。**

そして明治維新後、諸説あるにせよ、京都の天皇に代わる関東の「新皇」を自ら名乗り、朝廷の支配に昂然《こうぜん》と反旗をひるがえした平将門は、日本史の中でも最凶クラスの極悪人ということにされてしまったのですね。

非業の死を遂げた人物が、なんらかの理由で世間から嫌われ始めると悪霊伝説が生まれ、それが人々に恐れられれば恐れられるほどに、呪いや祟りのパワーもまた強まるという、日本独特の祟り発生と呪力強化の構図がおわかりになるでしょうか？

しかし興味深いのは、いったん祟りが生まれると、その場で本当に悪いことが起きてしまいがちになる事実です。この因果関係は、科学では解明できないことでしょうが。

日本史上もっとも恐れられた「崇徳院の怨霊」はなぜ生まれたか

世界史に比べ日本史には、負の感情を爆発させながら亡くなった記録がハッキリと残された人物はあまりいません。『源氏物語』にも見られるように、死を覚悟したとき、私生活のあからさまな情報がうかがえる文書の類は、すべて整理してしまうのが上流階級の暗黙のルールだったためでしょう。

ところが、そのルールに真っ向から反抗するように、「日本を破滅させてやる」とまで記した写経を流刑地からわざわざ送りつけ、亡くなったという恐るべき人物がいます。彼の名は顕仁《あきひと》親王……日本史上最大級の悪霊としての扱いを受け、その魂をなぐさめるために崇徳院《すとくいん》と呼ばれるようになったという「あの人」です。

平安時代末期、鳥羽《とば》天皇の皇子として生まれた崇徳院の人生は、肝心のところで運勢が味方しない人生でした。

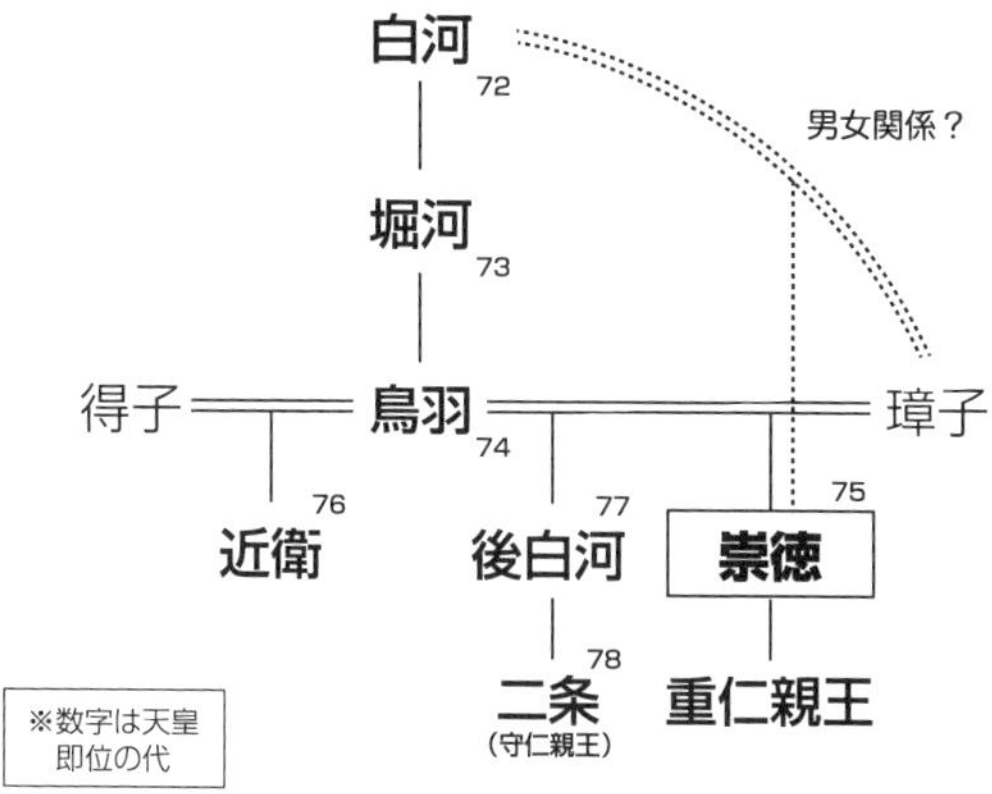

出生の時点から、前代未聞の「悲運の人」だった崇徳院

父帝から天皇の位を譲られたところまではよかったのですが、それは崇徳院をコントロールしようとする父・鳥羽院との闘いの始まりでした。宮廷最高の実力者である父との折り合いや「運」の悪さから、崇徳院は時代の主役になることはできませんでした。

一説によれば、崇徳院の母・璋子《しょうし》は鳥羽院と結婚したのちも、鳥羽院の祖父（！）である白河院との関係を続けていたようです。そのため、崇徳院は鳥羽院ではなく白河院の息子であると考えられていたとか。

実は璋子に対し、白河院が異様な愛情を

見せていたことは『今鏡《いまかがみ》』にも記述があります。

白河院は政務をほっぽり出し、自分の懐に璋子の足を入れさせ、かなり密着する姿勢で夜も昼も添い寝していた……とのこと。

いずれにせよ、いつの頃からか、鳥羽院と璋子の夫婦仲がしっくりいかなくなったことは事実のようです。このため璋子の子・崇徳院には天皇に即位するだけの運はあっても、「祖父」白河院や「父」鳥羽院のように朝廷のドンとなって、巨大な権力を手に入れられるだけの運はありませんでした。

また、崇徳院には同母弟・雅仁《まさひと》親王がいました。後の後白河天皇です。当時の上流階級の趣味としてはふさわしくない、いわば俗なポップス「今様《いまよう》」をオタク的に愛好し、夜を徹し、声をからし、歌い続けることもまれではなかった人物です。

しかし、そんな世間から変人扱いされる弟を、崇徳院は大事にし、自邸に同居させてもいました。兄として、多かれ少なかれ不遇な運命をともに歩む弟への、同情に似た愛情があったのだと思われます。

天皇となった弟によって「流刑」に処される

しかし、兄弟の人生が露骨に変わる瞬間が訪れます。これまで皇子として生まれながら、一度も即位の候補者にならなかった弟の雅仁親皇が、近衛《このえ》天皇が若くして崩御した結果、予期せず即位できることになったのです。

さらに彼の皇子で、当時13歳になる守仁《もりひと》親王がその後を継ぐことも決定されました。崇徳院にも重仁《しげひと》親王という皇子がいるのに、です。

即位が決定した後、雅仁親王は崇徳院の邸宅を出ていき、2人の仲はそれに象徴されるように悪化の一途をたどります。

父・鳥羽院の崩御後、崇徳院と後白河天皇の不仲は戦争という形で爆発しました。いわゆる「保元《ほうげん》の乱」です。

平清盛らに支えられ、勝者となった後白河天皇は、出家して反省の意を示している兄・崇徳院を四国の讃岐《さぬき》に流刑にします。平安時代では処刑が廃止されています。**崇徳院は、不遇時代に面倒を見てやってきた弟・後白河天皇自身の決断で、流刑という当時の最高刑に処せられることになったの**です。崇徳院、39歳のときでした。

噛み切った舌の血で記された「呪いの言葉」

讃岐に流された崇徳院が過ごした御所の跡には現在、鼓岡《つづみがおか》神社が立っています。小高い丘の上にあるため遠くに綾川《あやがわ》が見え、それを崇徳院は京の鴨川に見立て、都をしのびながら嘆いて日々を過ごしていたといいます。

「なぜ、こんなことになってしまったのか」。それまでも繰り返されてきたであろう自問自答が崇徳院の中で何万回、何十万回も繰り返された後、彼の嘆きは弟・後白河天皇への凄まじい怒りに変わっていったようです。

軍記物語である『保元物語』の中には、次のような逸話があります。

崇徳院が3年の月日をかけて完成させた五部の大乗経《だいじょうきょう》の写経、それも己の指先を傷つけ、傷跡から流れる血を使ったという写経を「後世（自分の来世）のため」に「鳥羽、八幡の辺（神社）」に収めてほしいという崇徳院の願いを、後白河天皇は拒絶します。

怒り狂った崇徳院は、受取拒否された写経の最後に、舌の先を噛み切り、

「日本国の大魔縁《だいまえん》となり、皇を取って民となし、民を皇となさん（意訳：私は大魔王となって、皇室を没落させてやる！）」

と血で記し、その経巻は海の底深くに沈められた……というのです。長寛2（1164）年、崇徳院は流刑地・讃岐で亡くなりました。

「呪いの写経」は実在し、海に沈んでもいなかった

しかし……信じがたいことに、こうした『保元物語』の記述は、完全なフィクションではなかった模様です。

高位の公家・吉田経房《よしだつねふさ》の『吉記《きつき》』によると、崇徳院による呪いの写経は実在していました。さらに恐ろしいことに、史実では呪いの経文は都に送り届けられてしまっていたのです。その写経の最後には崇徳院の手で「天下を滅亡させるための呪いを込めた写経である」と書かれていたそうですよ。

写経の受取人は崇徳院の皇子の一人で、出家していた元性法印《がんしょうほういん》でした。「上皇血書大乗経、伝在元性法印所、沈海之説恐誤」……つまり、**上皇（崇徳院）が自分の血で書いた大乗経は、子息の元性法印のところにあると伝えられる。『保元物語』などでいう海に沈められたとの説はおそらく誤り**……というような内容です（ちなみに「崇徳院」は、後白河法皇がのちに兄の怨霊をなぐさめるため、特別に贈った「敬称」で

す)。

こうした内容の記述が物語以外の史料では『吉記』の中にしか存在していないことに注目し、これは崇徳院の遺児・元性法印が、自分を出世させないと父・崇徳院の呪いがかかると訴え、後白河天皇たちをゆすろうとしたものだろう……と考える学者もいます。

しかし、真実はそうではないでしょう。元性法印にとっても、そんな強烈な呪いのかかった経文を粗雑に扱うことは、自分にも呪いが降りかかる行為だと考えたはずです。結局、元性法印はごく少数の人物に相談し、その秘密の情報を聞きつけた吉田経房だけが自分の日記にこっそり記録できたと考えるべきではないでしょうか。

「武士たちの台頭」までも、崇徳院の呪いのため?

しかし、本当に崇徳院の呪いの効果はその後、表われたのでしょうか?

崇徳院が亡くなってからしばらくして二条《にじょう》天皇が急死するという事件が起きましたが、その時点では誰も崇徳院の呪いを意識することはなかったそうです。

崇徳院の呪いが朝廷関係者に意識され始めるのは、源義仲《みなもとのよしなか》が都に攻め上ってきた寿永2（1183）年あたりから。**それまでの常識では考えられないこの手の騒乱が起き始めたのを、約20年前にこの世を去った崇徳院の呪いゆえと、誰ともなしに「理由付け」し始めたのが原因**のようです。

崇徳院の怨霊伝説の始まりは、いわば現代でいう都市伝説レベルの噂にすぎませんでした。ちなみに先ほど紹介した『吉記』の記事も、その頃のものです。それでも後白河法皇は恐れをなし、常勝寺という寺で崇徳院の供養を行なわせ始めます。

しかしその後も騒乱は収まらず、平清盛や源頼朝などの**武士が頭角を現わし、天皇や朝廷の権威が失墜していく時代が始まったことすら、崇徳院の呪いのせい**だと考えられるようになります。

しかし、崇徳院本人が本当に呪いたかったであろう誰かを取り殺したという具体的な話は、まったくありません。

たとえば、崇徳院の弟・後白河天皇はやりたい放題の人生を過ごした後、66歳で亡くなりました。崇徳院を没落させた保元の乱で、崇徳院の敵方で活躍した平清盛は栄華を極めた後、マラリアと思われる熱病がもとで亡くなっています。

そう考えると崇徳院は「呪うこと」すら、自分の意思ひとつではままならなかったのですね。

「怨霊」だったはずの菅原道真が「学問の神」になるまで

日本史上でもっとも知られる怨霊になったのは、菅原道真だとされています。各地の天満宮に祀られた「学問の神様」としての顔も現代では有名ですが、それは早くて近世、具体的には江戸時代以降のこと。

それ以前は菅原道真といえば、「怨霊」として有名でした。数百年以上にもおよぶ長い期間、広い地域、身分を超えた多くの人々から恐れられ続けたという点で、菅原道真の怨霊は空前絶後の存在だったといわざるを得ません。

朝廷に代々仕えながらも身分は低い一介の学者の家に生まれ、類まれな学才を評価され、右大臣の位にのぼるまでの異例の出世を遂げた道真ですが、志半ばで藤原摂関家による妨害工作によって失脚します。

「時の帝を廃位しようと試みた」との讒言《ざんげん》で左遷され、九州・太宰府《だざいふ》の地で恨みをつのらせながら亡くなった……というのが、道真の人生の「要約」です。

菅原道真が政敵からの「妬み」を招いてしまった理由

生前は基本的に「長いものには巻かれろ」タイプの道真でしたが、一度だけ大舞台でカッコイイところを見せたことがあります。時の権力者・藤原基経《ふじわらのもとつね》に「政治のすべてを任せる」という意味の文章を、即位したばかりの宇多天皇《うだ》が読み聞かせたところ、その言い回しが気に入らないと基経がヘソを曲げたらしいのです。

ところが、この「事件」を赴任先の讃岐で聞いた道真は突然上京、面識があったとはいえ、天下の藤原基経を相手に「それはダメだ！　そんなことでヘソを曲げてみせるのはあなたのためにもならない！」ともの申すという、異例の大立ち回りを見せています。

このときの道真の言動に感激した宇多天皇は、道真を讃岐から呼び戻すことにします。その後は中央政界で重用し、さらに藤原基経が亡くなると彼の若き後継者・時平《ときひら》よりも道真を寵愛しました。

こうして道真は藤原時平から妬《ねた》まれるようになり、最終的に彼の讒言によって足をすくわれることになったのですね。

そして太宰府に左遷されたまま、不満を抱えながら亡くなっているのですが……

「去年の今夜、清涼《せいりょう》に侍《じ》す（1年前は御所でお仕事していたのになぁ）」などという彼のセンチメンタルな漢詩を見ていると、憤死《ふんし》しそうな気配などは感じられません。

配流先の九州・筑紫地方で詠《よ》まれたという彼の和歌はさらに感傷的の一言です。

「こちふかば　匂ひおこせよ　梅の花　あるじなしとて　春をわするな」

（意訳：東風《こち》が吹く春になれば、筑紫にいる私にも香る風を送っておくれ、わが家の梅よ。家の主人がいなくても春が来るのを忘れるんじゃないよ）

「まどろまず　ねをのみぞなく　萩《はぎ》の花　色めく秋は　すぎにしものを」

（意訳：眠ることもせず、泣いてばかりいる。私の目に入るのは咲き残った萩の花。美しい秋はもう過ぎ去ってしまったのに）

このように、道真の歌は繊細でセンチメンタルな歌が多い印象です。

明治生まれの歴史学者・坂本太郎は、「感傷的すぎる平安男」道真について、

道真を追って、都から飛んできたという太宰府の「飛梅」

「心身ともに脆弱であり、逞《たくま》しさがない（略）**総じて男子としての望ましい資質に恵まれていたとはいえず**」

と酷評しています。

確かに、こんな線の細い人が日本史上最大クラスの怨霊になるとは、とても思えませんよね。

むしろ生前は人の評価を気にすることが多かった道真ですから、「あなたは死後、日本最凶の怨霊になった」などと伝えられたら心から悲しむでしょう。

一方で、こんなに繊細な面ばかりを周囲に見せてきた人が豹変し、恐ろしい本音をあらわにしたなら、そのときの衝撃は凄まじいものがあるだろうともいえるでしょうが……。

時の帝の前で、雷に打たれた貴族たちが焼死

道真を追い落とした藤原時平が若くして亡くなったのが延喜9（909）年のこと。彼の死が迫った4月4日、病床に伏した時平のために加持祈禱が行なわれている最中、時平の左右の耳から青い龍が姿を現わすではありませんか。

それは道真の霊で、

「**私は帝釈天《たいしゃくてん》の許可を得て、時平を殺すことを決意した。**お前の息子の（僧侶の）浄蔵は頻繁に祈禱などしているが、どうせ無駄なことだ。やめさせよ」

とも言ったとか。時平が亡くなったのは、同月26日のことでした。

しかし、道真怨霊説が本気で唱えられ始めたのは、その後、延喜23（923）年あたりから。皇太子・保明《やすあきら》親王が病気でもなかったのに突然死したのです。

延長3（925）年には保明親王の次に皇太子となっていた慶頼《よしより》親王が、わずか5歳で、しかも熱病に冒《おか》されて亡くなります。

そして、時平にゆかりの深い人物を中心に、さらなる死亡者が出始めたのです。

ダメ押しとなったのは、延長8（930）年6月、日照りの夏に起きた事件でした。雨乞いの儀式について宮中では打ち合わせが行なわれていましたが、皮肉にもその最

中、晴れていた空がにわかにかき曇り、突如現われた黒雲から稲妻が鳴り響きました。そしてあろうことか雷が、会議場にして天皇の御座所であった清涼殿を直撃！

多くの公卿《くぎょう》たちが帝の目の前で焼けただれた姿を見せて亡くなったり、重傷を負ったり……この惨事を目の当たりにした時の帝・醍醐《だいご》天皇はショックのあまり重病となり、9月に崩御しているのです。

道真の怨霊はこうして強く朝廷の人々から意識されるようになり、その後は事あるごとに恐れられる存在となっていきました。

大怨霊だった道真がなぜ「学問の神」になれたのか

ところが、事態は寛弘元（1004）年以降、突然変わります。

すでに都の北部に建てられていた**北野神社に一条《いちじょう》天皇が参拝したことをもって、「道真の怒りは解けた」とされ、彼は大怨霊から突然「護国《ごこく》神」にして、藤原摂関家の守り神としての地位も得る**というよくわからない理屈の大出世を遂げたのでした。

その後、讒言がもとで左遷されたという経歴から「正直の神様」、そして漢文の才から「学問の神様」と属性が次々と加えられ、今日にいたるのです。

興味深いのは、**菅原道真を怨霊としてプロデュースしたのは、道真を追い落とした後の藤原時平の出世ぶりに嫉妬していた、時平の実弟たちだった**という説です。

時平の弟・忠平は、兄と懇意《こんい》で、兄が死んだ後もその遺児を重用する姿勢を見せている醍醐天皇を、目の上のタンコブ式に恨めしく思っていました。だからこそ、**何か宮中に不祥事があるたび、菅原道真の名を都合よく持ち出した**（角田文衛『菅家の怨霊』）のだろうというのは、実はうなずける話なのです。

恐るべきは「死人に口なし」という事実、そして生きている人間の浅ましさではないでしょうか。死者にせよ怨霊として利用し尽くした後は、突然、守り神のような存在に格上げして事なきを得ようとしているところなど、かなりひどい扱いだと感じます。

菅原道真本人の御霊にインタビューできる機会があるとするなら、かなりの確率で「本当に怖いのは私の怨霊などではない。私を死後まで利用しようとする生きた人間の心だ」というコメントが得られると思いますね……。

石田三成の怨霊が、日本各地を「旅」していた？

深夜の関ヶ原には、21世紀を迎えた今も、石田三成の幽霊が現われるそうです。戦場で行方不明になったまま戻らなかった、最愛の家臣・島左近《しまさこん》の首を返してくれというのだそうですが……。

石田三成は関ヶ原では討ち死にしてはいません。敗走するも捕らえられ、京都の六条河原で処刑されています。ただし幽霊には土地に縛られるタイプと自由に動き回れるタイプの2種類があるようで、石田三成の幽霊の像は江戸時代初期から後者のタイプなのです。

普通に考えれば、生前の彼にはあまり縁のなかったであろう、関東の広い地域で暴れ回っている様子がうかがえる、江戸時代初期の興味深い話があるので、ご紹介しましょう。

農民たちが行なっていた「三成の鎮魂祭」

石田三成の怨霊の話が出てくる『前田《まえだ》慶次郎《けいじろう》道中日記』は、加賀《かが》藩の実質的な初代藩主・前田利家《としいえ》を叔父に持つ前田慶次郎の手による日記だとされます。

具体的には、彼が慶長6（1601）年10月24日に京都を発ってから、同年11月29日に米沢《よねざわ》へ着くまでの道のりのあれこれを、平安以来の古典文学や古歌の素養を背景に記した紀行文です。

その「奥州田村郡ノ内也」の項目では、奇怪な石田三成鎮魂の儀式が行なわれていたことが記されているのでした。

慶次郎が目にしたのは、異様な装飾がなされた塚でした。

原文の該当部分を意訳すると、**関ヶ原の戦いで西軍の大将となりながらも武運拙《つたな》く敗れた石田（治部少将《じぶのしょうしょう》）三成の怨霊が、都から「送られてきた」**といいます。しかし、ところどころでその三成の怨霊に取り憑かれて病気になる人も多かったということで、農家に伝わる古い時代の武具のたぐいを使って数千体もお地蔵様を作るようにして、霊を見送った（お祀りをした）のだとか。

前田慶次郎が話を聞いている、近隣の農民とおぼしき人物の説明はまだ続きます。

まとめると、**各地で彼が求める通りの慰霊を行なってもらって、つまり「見送って」もらわない限り、石田の怨霊は目的地には進めない**というように読めるのですね。

次のような儀式を、石田の怨霊は望んだのだとか。

「石田の怨霊が京の都を出て来るときには、まだ勢力は小さかったが、下野国《しもつけのくに》（現在の栃木県）あたりではついに石田の怨霊は人の夢に出てくるようになって、具体的な指示を与えるようになった」

その指示とは――ワラで大きな男性の人形を作り、それに鎧兜《よろいかぶと》一式や太刀を付けてやる。

また、草で馬を作り、馬用の金の鎧を「前後」……つまり頭と背中（？）にかけてやり、馬の胸部を覆う武具に石田のことを指す「治部少」と書く。

さらに女性の人形も2体作り、これには赤い着物を着せて、「治部少の母」「治部が妻」と書いた札を胸に下げさせるそうな。

原文には「以上その人形六人」とありますから、おそらく彼の子どもの人形も作れということだったのでしょうが、それについては自由人・慶次郎は書き落としてしまったのかもしれません。

三成の霊の「目的地」はどこだったのか

民衆たちは石田三成の怨霊を恐れているというより、石田の霊と共存しているような印象があるのも不思議です。また、都はおろか関ヶ原からも遠く離れたところで、石田三成を気にかける人々が多かったのは、興味深く思われます。

史実では石田三成の子息2人はそれぞれ、関ヶ原の戦以降も生き続けました。嫡男・重家《しげいえ》は出家、次男は豊臣秀頼の小姓でしたが、関ヶ原での父・石田三成の敗走を聞くと津軽（現在の青森県）まで逃亡、津軽藩主に仕える武士として子々孫々生き延びました。

石田三成の怨霊が京都から遠路はるばる目指していたのは、次男の暮らす青森だったのかもしれません。

それにしても石田三成鎮魂祭、現在にいたるまで続いていれば、よいお祭りになっていたかもしれないのに残念ですね。

4章

〝目には見えない力〟が、国も人心も動かした

——人がすがったもの、人が信じようとしたもの

平安時代の呪術のエキスパート、「陰陽師」の凄すぎる暗躍

陰陽道の源流ともいうべき「技術」は、奈良時代前期頃までに中国から輸入されていたといわれます。

ところが、当時の陰陽師の仕事の中心は、中国の陰陽五行説にもとづいた天体観測を行ない、吉凶がわかる暦を作ること「だけ」でした。つまり、**奈良時代の陰陽師は天文学者とほぼ同じ職種で、占い師的な仕事も多少はする程度の役職だった**のです。

かわりに当時、オカルトの方面……たとえば呪詛などを担当していたのは、その名も呪禁道《じゆごんどう》という呪いのスペシャリスト・呪禁師《じゆごんじ》たちでした。彼らは国家公務員であり「典薬寮《てんやくりよう》」に所属していました。医療が未発達な当時、魔力・呪力の類に大きな期待がかけられていたことがわかります。

ところが呪禁師たちは、奈良時代末期、ちょうど女帝・孝謙《こうけん》天皇の時代の記録を最後に、公式史からは姿を消しました。理由は不明ですが、あまりに儀式にオカルト色

が強かったからだと思われます。
奈良時代末期以降には、中国留学から帰国した吉備真備《きびのまきび》たちエリート官僚たちの熱心な宣伝活動により、「新」陰陽道が提唱されていました。具体的には呪禁道の知識が陰陽道に取り込まれた結果、陰陽師たちは「式神《しきがみ》」を操ることができるようになり、われわれの持つ陰陽師のイメージに近い仕事をできるようになったのでした。

陰陽師が操る「式神」とはどのようなものか？

式神とは、陰陽師が事の吉凶を占ったりするときに用いた、式盤《しきばん》占いの守護神である「十二月将（十二神将）」のことを指します。そこから転じて陰陽師が使用した、「式人形」と呼ばれる人形などさまざまな呪力発生装置を意味するようになります。

たとえば藤原道長が呪われたのを、安倍晴明《あべのせいめい》が救ったときの式神は、**二つの土器を合わせ、その中に十文字にからげた黄色い紙のおひねりを入れていただけ**のものです。紙は無地、土器にはある一文字（「呪」の文字？）が赤く書いてあっただけ（『宇治《うじ》拾遺《しゅうい》物語』）。これが式神の実態に近いものだと思われます。

陰陽師を描いた創作物からのイメージとは、ずいぶん異なるかもしれません。つまり式神とは、呪力を込めた道具にすぎない例が多いのです。しかし史実の陰陽師は、安倍晴明など伝説的な存在を除き、これらの道具なしに超能力を発揮できる存在ではありませんでした。

式神を「操る」と先ほどはあえて書きましたが、正式には式神を動かすことは**「打つ」**と表現します。式神はまるで飛び道具のような扱いだったことがわかると思います。上流階級の人々はそれぞれ陰陽師を雇い、憎い相手に対し式神を打たせました。

その被害から身を守るには、別の陰陽師を雇っておいて、送られてきた式神よりもさらに強力な式神を用意して「打ち返す」しかありません。

そして式神を打ち返されると、陰陽師は最悪の場合、死んでしまいます。陰陽師は天文学者モドキだった時代とはうって変わり、スナイパー兼ボディガードとして貴人たちに雇われ、捨て身で働くようになっていったわけですね。

最強の陰陽師・安倍晴明の伝説

陰陽師たちの中でも、無双の呪力を発揮したと伝わるのが安倍晴明という謎の人物です。

晴明は、式神を自在に駆使しうる呪力を備えていたそうな。その目には、常人には見えない世界のカラクリが見えていたようです。

たとえばあるとき、頭痛に苦しむ花山《かざん》天皇に晴明は「それはあなたの前世が崖から落ちて死んだ行者《ぎょうじゃ》であり、その頭蓋骨が今でも崖に挟まっているからだ」と進言しました。調査してみると、晴明の言った通りの人骨があることがわかりました。その骨を崖の間から取り除いた後、天皇の頭痛は消えたということです（『古事談』）。

またある日、牛車で出勤途中の晴明は1人の蔵人少将《くろうどのしょうしょう》（＝貴族男性）に出会いました。そのとき、彼の頭上を1羽の鳥が横切り、糞《ふん》を落としたのが見えたそうです。何気ない光景ですが、**晴明はその鳥が、別の陰陽師が放った式神であると即座に気付**

きました。このままだと彼が今夜のうちに死んでしまうということも……。

晴明は彼を牛車に乗せ、自分の屋敷に連れて帰りました。そして夕方からその蔵人少将のことを固く抱きしめ、一晩中、呪文を唱え続けました。

明け方、部屋の戸を叩く者（晴明の式神）がおり、その声は、「蔵人少将はもう無事だ、彼に式神を送りつけた陰陽師は死んだ」と告げました。

呪いをかけさせていたのは、蔵人少将の親戚の男でした。彼らはお互いの妻が姉妹同士であり、「私が蔵人少将の妻ならよかった」という妻の小言に耐えかねた、その親戚の男は、蔵人少将を呪い殺すしかないと画策したようです（『宇治拾遺物語』）。

さて、ここからも重要です。蔵人少将の生命は救われましたが、その後、晴明のクライアントになったことは間違いないでしょう。このように陰陽師たちの評価には、クライアントを奪い合えるだけの接客技術もふくまれていたことがわかります。

「陰陽道」は平安後期以降、なぜ廃れたか？

安倍晴明クラスの陰陽師となると「見る」だけですべてを理解できるのですが、一般的な陰陽師は病気や災厄の原因を調べるには、式盤や、筮竹《ぜいちく》を使った占いをして吉凶を判断したそうです。

なお、**データによると安倍晴明の占いの的中率は7割程度**。一般の陰陽師の場合は5割も当たれば御の字だったとされますが、これを凄いと見るかどうかは読者にお任せしましょう。

さて創作物の中の陰陽師は、子どもや巫女さんに怨霊を乗り移らせる……という技術を使っていますが、厳密にいえばそれは平安時代中期以降、中国に留学した空海《くうかい》・最澄《さいちょう》などによってもたらされた密教系仏教の技術であり、逆に陰陽師のシェアを奪っていった技術なんですね。

平安時代末期から中世にかけ、陰陽道が急速に衰えていったのは、より新しく、よりパワフルな呪詛法を使える密教系の僧侶たちが登場したからであり、まるで新しい家電が出たときのようなイメージで人気が推移していったからなのです。

しかしそれでも、いにしえの陰陽師たちがいかに人々の生活の深い部分にまで入り込んでいたかは、厄年《やくどし》の概念などが現代にいたるまで残っていることからもよくわかります。それは今からはるか昔、陰陽師たちが暦作成を担当していた時代の名残なのですから……。

時の権力者・藤原道長を襲った本気の「呪詛攻撃」とは

日本の歴史ではいにしえより、権力の中枢に近づけば近づくほど、「ケガレ」を得やすくなると考えられてきました。清く正しく生きていても、身分が高いだけでケガレてしまうのですから、人を押しのけ、出世という目的のためには手段を選ばない人生を歩んできた藤原道長のような人物の場合は、日々が生霊怨霊、呪いの類との闘いだったといっても過言ではないでしょう。

道長には平安時代の人物にしてはエピソードが非常に多く、『栄花物語《えいがものがたり》』や『大鏡《おおかがみ》』など多くの歴史物語の中にも、事実をもとにしたであろう逸話が見られます。しかしそこには、彼の栄光だけが描かれているわけではありません。

若き日の道長は仲のよい兄・道兼《みちかね》と双六をして遊んでいました。勝負が白熱、思わず姿勢を崩して身を乗り出した道長は**「帥殿《そちどの》（＝道兼）の（略）出で給《たま》へる足の裏に、**

道長と書かれたる」のを、見てしまったのだそうな。

「道長」とは諱《いみな》、いわば彼の正式な名です。それを日々踏んで辱《はずかし》めるという行為は、明らかな呪詛でした。それを実の兄にされていたとは……。仲がよかったはずの兄の真の姿に気付いてしまった道長は「ゾッ」としたことでしょう。

恨みを抱いた「物の怪」が現われる瞬間

実際、平安貴族の日常は雅やかどころか、ドロドロとした負の感情に満ちあふれていました。ちょうど道長がパトロンをしていた紫式部が、『源氏物語』を書き進めていたとされる西暦1000年頃の話です。

病気で自宅療養中の姉・詮子《せんし》のもとを道長が訪れたとき、姉のお気に入りの女房・藤典侍《とうのないしのすけ》なる女性の様子が豹変、恐ろしい形相で道長につかみかかり、彼をしたたかに打ち据えました。が、それでも「物《もの》の怪《け》の仕業だから」と無罪になったそうな。

道長の姿を描いた歴史物語『栄花物語』には、**「神の怪は陰陽師、物の怪は験者《げんじゃ》（密教系の僧侶）」に任せた**ともあり、当時は祟りの種類別にスペシャリストを使い分けていたことが記されています。つまり、この手の事件は頻繁にあったのでしょう。

道長が重用していた陰陽師には、「あの」安倍晴明がいます。

道長は自身が建立した法性寺《ほうしょうじ》への参詣を日常的に行なっていましたが、あるとき、寺の門をくぐろうとすると、彼の飼っていた白犬がしきりに鳴いて道長の通行を邪魔しようとするのです。

何度も同じことが繰り返されたので、ピンときた道長は安倍晴明を呼びつけると、晴明は「自分の弟子筋にあたる道摩《どうま》法師《ほうし》の仕業に違いない」と言いきります。

すると、**犬が鳴いた場所からほど近い地中に、呪いの発生装置（式神）が埋められており、捕縛された道摩法師の証言で、藤原顕光《あきみつ》に命令された行為**であったということまでわかりました。

それでも道長は道摩法師に「顕光卿の頼みでは断われなかったのだろう。本来ならば流罪にするところだが、故郷に帰るのなら許す」と太っ腹なところを見せたそうです（『宇治拾遺物語』）。

このように親分肌だった藤原道長には、確かに人を引きつける魅力がありました。

後宮を舞台に、娘を巻き込んだ「呪い合戦」

しかし、そんな道長を恨んでやまない人物は数限りなくいました。道長は基本的にあくどい政治家でしたから。

道長を内心では憎悪していた同時代人の代表格が、先ほどの藤原顕光です。顕光は、道長の勧めもあって、大事な娘・元子《げんし》を一条天皇の後宮に入れることにしました。顕光は元子に「早く皇子を授かっておくれ」と頼み込んでいました。

入内《じゅだい》の翌年の秋、元子は父に身ごもったようだと告げたのですが……喜びは一転、あまりに悲しい結果が待っていました。

翌年5月の出産予定日をすぎても子どもは生まれようとせず、焦った顕光は元子ともども太秦《うずまさ》の広隆寺《こうりゅうじ》に行って、祈禱を受けます。すると元子はその場で、産気づいたのですが……**彼女の胎内《たいない》から出てきたのは大量の水だけ**でした。そして元子のお腹はみるみるしぼんでしまったのだそうな。

『栄花物語』にしか出てこない逸話ではありますが、顕光は「娘が呪われた」と思い込んだのではないでしょうか。そして、顕光の脳裏にひらめいたのが道長だったのでしょう。

道長の愛娘に乗り移った怨霊の〝正体〟は——

ところが……顕光には先述の元子の他にも、不遇の人生を送り、すでに亡くなっていた延子《えんし》という娘がおりました。この父娘の霊が怨霊と化し、道長一家の前に立ちふさがるという事件が起きたようです。

まず狙われたのは道長の娘の1人・寛子《かんし》でした。

寛子が危篤におちいると、陰陽師が連れてきた巫女に乗り移った**顕光・延子の怨霊たちが凄まじい声で「し得たり、し得たり（やったぞやったぞ）」と叫び、「今ぞ胸あく（やっとスッキリした！）」とののしりました。**そしてその直後に、寛子は本当に絶命してしまうのでした。

この他にも道長の2人の娘が、顕光・延子の怨霊たちによって殺されたといわれています……というか、道長は陰陽師や修験道の行者たちから、娘の死因をそのように告げられ続けたようで、それは娘を単に病でなくすよりも何倍もつらい経験だと思います。

豪快に振る舞い続けた藤原道長ですが、生者と死者の両方の悪意に、脅かされ続けた生涯だったことに間違いないのです。

亡き夫・豊臣秀頼の呪いに苦しみ続けた千姫

慶長20（1615）年5月7日深夜、大坂夏の陣は豊臣方が劣勢のまま、大詰めを迎えつつありました。豊臣秀頼の正室・千姫《せんひめ》は秀頼とその母・淀殿から豊臣家最後の希望を託され、わずかな伴《とも》をつれて大坂城内から決死の脱出をはかります。

千姫はこのとき19歳。7歳からともに過ごしてきた、兄のような4歳上の夫が秀頼でした。

一説にはこの7日の昼頃、天王寺で戦う真田信繁からの出陣要請を受けた秀頼は、鎧を着用し、もう少しで大坂城の門外に出ようとしているところでした。

豊臣の総大将である秀頼が、兵たちにその姿をみだりに見せるなど異例の判断ですから、本当の話かはわからないとされてきたのですが、あり得る話ではないか、と筆者には思われます。敗戦の色が濃厚になってきた中、劣勢の豊臣方の士気をなんとか上げるための選択だったはずですから。

しかし、この出陣途中に、秀頼側近の速水甲斐守《はやみかいのかみ》が「もう前線部隊の敗北は取り返しのつかない状態ですから、城の外に出るということは首を奪われ恥をかくようなもの。もはや本丸に引き返し、もしものときには御自害に備えたほうがよろしい」などと進言、**「かくなる上は華々しく討ち死にしたい」**という秀頼を押しとどめ、彼は桜門あたりからふたたび城内の本丸まで戻ってしまったそうです。

結局、秀頼は豊臣家の当主でありながら、一度も出陣することすらかなわぬまま死したことになります。

新たに明らかになった「大坂城落城時の秀頼の姿」

平成28（2016）年9月、この7日夜の大坂城の様子を記した、平戸《ひらど》オランダ商館（オランダ東インド会社の日本拠点）の社員の手による、秀頼像が変わるような衝撃的な手記が発見されました。

これは大坂夏の陣が終わった約1週間後、平戸オランダ商館が日本国内の情勢を把握するべく、大坂在住の大名家家臣や商人たちから、大坂城落城の様子を聞き書きしたものなのですが、秀頼はかなり激しい行動に出ています。

大坂城落城とともに自害した豊臣秀頼

この書物には、

「秀頼の数人の大名が、赦免《しゃめん》が得られると考え、皇帝（徳川家康）側に寝返るために城に火を付けたが、彼らは逃げる前に秀頼によって、その場で（城壁から）突き落とされて死んだ。また、その火事を消すことは不可能であったため、戦う勇気を失っていた秀頼と他の大名たちは切腹し、それによって皇帝は（中略）城を奪還した」

などと書かれているのです。

いずれにせよ、城の外に出た千姫はこの事件が事実かどうかを知るすべはありません。

自分は徳川家の保護下に入り身の安全を得ながらも、夫や義母たちのいる大坂城が火に包まれていくのを、絶望とともにただ見ていることしかできなかったはずです。

燃えさかる大坂城を前に、夫の助命を嘆願するも――

当初、徳川家の武将に保護された千姫は祖父・徳川家康の陣に向かいます。家康は愛する孫娘・千姫の無事を喜びましたが、秀頼と淀殿の助命についてはは言葉を濁《にご》し「秀忠の意見も聞いてきなさい」と言いました。さすがは「タヌキじじい」ですね。

千姫は父・秀忠にも面会しますが、秀忠の態度は冷たく、娘に向かって**「お前は、なぜここにいる。秀頼と自害するべきであったはずなのに」**と言ったそうです。

千姫は必死に秀頼と淀殿の助命を嘆願しましたが、はねつけられてしまいました。こうして千姫が手間取っている間に大坂城に火が放たれ、秀頼と淀殿は8日早朝の時点で自害して果ててしまいました。

大坂城の焼け跡からは、両者とおぼしき遺骸は発見されないままでした（そのため2人には逃亡説まで流れることになりましたが……）。

再婚してのちも「秀頼の遺児」を救おうとした

悲惨な経験を通じて夫を亡くした千姫ですが、徳川方の武将・本多《ほんだ》忠勝《ただかつ》の孫・忠刻《ただとき》と戦後1年少したった元和2（1616）年、異例のスピードで再婚しています。美形だった忠刻を、傷心の千姫に意図的に引き合わせた結果ともいわれます。

元和3（1617）年、名目は「千姫の化粧料」でしたが、父や兄とは別に10万石も与えられた本多忠刻は、姫路藩の切り盛りをすることになります。

また、結婚の翌々年からは2年立て続けで、千姫は子どもを授かることになりました。元和4（1618）年に長女・勝姫《かつひめ》、その翌年に長男・幸千代という新しい家族の誕生に千姫は初めて母となる喜びを知りました。

7歳のときから12年生活した（実質的に夫婦生活があったのは最後の4～5年程度だったそうですが）秀頼との間には1人も授かれないままでしたから。

奇妙な話ですが、かつて千姫が成人する前、彼女よりも4歳年上だった秀頼が、ある側室の女性（氏名不詳）との間にもうけた男女の子の存在を、徳川家が知ったのは豊臣家滅亡後の話でした。

兄・国松《くにまつ》はすぐに処刑され、妹（本名不詳）は、千姫が自らの養女とすることで生

命だけは救うことができましたが（以上『台徳院殿御実紀』）、幼くして出家させることになりました。彼女の法名を天秀尼《てんしゅうに》といいます。
こういうこともあり、千姫は自分なりに最後まで亡き夫・秀頼のために尽くしたという自負はあったと思いますよ。

2人目の夫が「世を去った日」は、奇しくも——

しかし……元和7（1621）年以降の千姫の運命には、暗雲が立ち込め始めました。愛息・幸千代がわずか数え3歳で突然亡くなり、その後は子を授かっても流産することが立て続けに起きました。

千姫は早い時期から、亡夫・秀頼の祟りを意識していたようです。

元和9（1623）年には千姫は社《やしろ》を建て（現在の千姫天満宮）、お堂の観音像の体内に収めるべく、**あの世の夫・秀頼に「お怒りはもっともだが、祟るのはおやめください」などと切々と訴える手紙**も書きました。

しかし呪いは止まらず、夫の忠刻まで寛永3（1626）年5月7日に早逝してしまったのです。

5月7日は千姫にとっては永遠に忘れられない呪われた日でした。**11年前の5月7日は大坂城が落城した日……豊臣秀頼と淀殿が自害した「あの日」**でした。追い打ちをかけるように、家康から千姫と忠刻の縁組をまとめるように命じられていたらしい義母の熊姫《くまひめ》が同年6月25日、千姫の実母・江も9月15日に亡くなってしまいました。

結局、千姫が長女・勝姫を連れ、姫路の本多家を出て江戸に帰ったのが寛永3(1626)年30歳のとき。弟・徳川家光のはからいでした。前田家との再々縁組の話を断わり、出家した千姫を秀頼が祟ることはもはやなくなったとか。

余談ですが、秀頼といえば、朝廷の装束に身を包んだ優美な肖像画の姿を思い浮かべてしまいますよね。しかし史実の彼は180〜190センチ以上の長身で、160キロを超える超肥満体だったそうですよ。**「世になきお太り」**(『長沢聞書《ながさわききがき》』)、「自由に身体を動かすことができないくらい」(スペイン大使セバスチャン・ビスカイーノ)との証言もあります。

力士ばりの巨漢に猛烈に恨まれ、祟られていたとなれば、千姫の感じていたであろう怖さもひとしおですね……。

文豪・夏目漱石が詳細に記した、不思議な「臨死体験」

胃潰瘍《いかいよう》の転地療養のため、夏目漱石が修善寺《しゅぜんじ》温泉を訪れたのは明治43（1910）年8月6日のこと。胃潰瘍で転地療養とは……？と思うかもしれませんが、漱石の胃潰瘍は神経衰弱とセットになった長年の病でした。

漱石は『三四郎』『それから』、その続編3作目にあたる『門』を執筆中に、胃潰瘍の症状がひどく悪化しました。

「青春小説」の延長線上にある『三四郎』、その世界観が一転し、抜き差しならない不倫の愛が描かれた『それから』、不倫の後、結局は結婚したものの不幸にならざるを得ない夫婦の姿を描いた『門』と、小説の内容が暗く重たくなっていくのと合わせるように、胃潰瘍も悪くなってしまったのです。

夏目漱石は明治33（1900）年に国費留学生としてイギリスに赴《おもむ》きました。しかしあらゆることに「生きづらさ」を感じやすいパーソナリティーの持ち主だった漱石は、道を歩いていても**「空気が臭い」**（『倫敦消息《ロンドンしょうそく》』）とか、イギリス人の男性の背丈が自分よりも大きいことにすらひどくコンプレックスを感じ、**「いろいろ目につくと同時にいろいろ癪《しゃく》に障《さわ》る」**（同）だけでなく、深い憂鬱に支配されてしまいました。

ほぼ同時期にドイツに留学していた森鷗外《もりおうがい》があちこちへ旅行したり、またのちに『舞姫』の着想となるようなロマンスを経験したりしていたのに対し、漱石はあまりに地味でした。

その後、漱石は帰国し教員として勤めるうちにも大きなストレスを抱え、その気晴らしとして小説を書くようになったのですが……やはり根が生真面目すぎる漱石は、一作ごとに大きな文学的目標を掲げるようになり、長期間にわたる執筆を行なう場合、創作がはかどっても、はかどらなくても神経を集中させすぎるのです。そのために胃潰瘍の症状が悪化したという理屈はよくわかる気がします。

しかも漱石の胃潰瘍を転地療養するまで悪くさせたのは、書いていた『門』が新聞小説だったこともあるでしょう。毎日迫ってくる締め切りのプレッシャーが凄まじかったことは、容易に想像がつきます。

そもそも転地したところで、これらストレスの原因が取り除けるわけではありません。転地療養は漱石には効果が薄かったようで、8月24日、大量に吐血して意識不明の危篤状態におちいりました。

それを聞きつけ、東京から妻の鏡子《きょうこ》や知人がやってくるのですが、彼らの前でも「八百グラムの吐血」などを繰り返しています。

病床の漱石が「幽体離脱」をした瞬間

周囲の心配をヨソに、危篤状態の漱石は幽体離脱を、それも何度も経験しています。しかも臨死体験は、漱石によると「楽しい」ものだったようです。

漱石のエッセイ『思い出す事など』に詳しく書かれているので引用していくと、幽体離脱は朝から夕方までの時間に起きたようです。

蒲団《ふとん》に身体を横たえながら、青い空を眺めていたそうですが、「心の隅が、いつか薄く暈《ぼか》されて、そこを照らす意識の色が微《かす》かになった」……ふだんとは何か違う、気分になってきたそうです。

「床の下に水が廻って、自然と畳が浮き出すように、余の心は己の宿る身体とともに、蒲団から浮き上がった。より適当に云えば、腰と肩と頭に触れる堅い蒲団がどこかへ行ってしまったのに、心と身体は元の位置に安く漂っていた」

浮かび上がるところの描写、さすがは文豪ですね。リアルだと思われます。

「余は朝からしばしばこの状態に入《い》った。午過《ひるすぎ》にもよくこの蕩漾《とうよう》を味《あじわ》った。そうして覚《さ》めたときはいつでもその楽しい記憶を抱いて幸福の記念としたくらいであった」

一方、昼とは逆に夜は「鯉《こい》の跳ねる音でたちまち眼が覚め」るという、神経の高ぶりと不安を感じ、夜明けまでを長すぎると思いながら過ごしたそうです。残念なことに幽体離脱中の漱石の状態について、周囲のコメントはありません。

意外と「オカルトセンス」があった漱石

漱石はもともと「霊感体質」だったようで、**「かねてより妖怪に逢う資格があると思っていた。余の血の中には先祖の迷信が今でも多量に流れている」**（『思い出す事など』）とも書いています。オカルト系の洋書を取り寄せ、読んでもいたようです。

満を持すようにして幽体離脱の実体験をした漱石ですが、案外、感動は薄かったようで「生を半に薄めた余の興致《きょうち》（＝楽しい臨死体験）は、単に貧血の結果であったらしい」と淡々と結論づけてしまっているのは少々解《げ》せないところではあります。「生を半に薄めた」とは、単純に「意識が遠のいた状態」のことを指すのでしょう。

「余は（臨死体験である幽体離脱中に）余の個性を失った。余の意識を失った。ただ失った事だけが明白なばかりである。どうして幽霊となれよう」とも書いています。意識が薄らぐと自分を自分たらしめている個性も、意思も消えてしまう。だから自分は身体を失った後も、この世への未練を強く持った幽霊などにはなれそうもない……ということでしょうか。

しかし、自分の意思のコントロール下から自由になり、真昼の青空に吸い込まれていくような感覚を「楽しい」とすら思えた——それが漱石の体験した臨死体験の本質だったようです。

結局、大正5（1916）年12月9日、胃潰瘍のため、漱石は亡くなりました。書いていた『明暗』という小説のテーマは人間の醜いエゴ。この頃には小説を書くこと自体が漱石のストレスそのものとなっていたようで、漢詩を作って意識をそらしながら執筆を続けていた末の悲惨な死でした。もし、このとき漱石がもう一度〝生と死の狭間〟から戻って来られていたとしたら、どんな表現をしたのか気になりますが……。

宮沢賢治と「亡き妹の霊」の悲しい再会

宮沢賢治という人の目には、しばしば特別な光景が見えたそうです。つまり彼以外の人にも見えている、普通の世界の上に覆いかぶさるようにして、別の映像がひらめくのでした。彼の作品に出てくるちょっと変わった表現は、彼の目にだけは実際に見え、それが「記録された」ものであるといってよいのだそうです。

しかし、賢治は合理性を重んじる知識人の父・政次郎から、**「怪力乱神《かいりよくらんしん》（不思議な現象のこと）を語ってはならない」**と言われていたと明かしています。

賢治は岩手県花巻《はなまき》市では有数の資産家にして知識階級だった宮沢家の子息です。賢治が、何か不思議なものを見ても、語ることは望まれないことだったのです。それは賢治にとっては大きな悩みだったようですが、2歳年下の妹・トシは彼の悩みのすべてを理解してくれていました。

賢治はトシを可愛がり、2人は兄妹でありながら親友のような、親子のような、さらには性愛をともなわない恋人や夫婦のような……唯一無比の絆で結ばれていたといいます。

最愛の妹の「早すぎる死」の朝……

ところがトシには、運命的な不幸が降りかかります。彼女が東京に出て、日本女子大学に通っていた大正8（1919）年頃の話です。当時の世界人口20億人のうち、およそ6億人がかかるという世界的大流行を見せていた、インフルエンザに感染したのです。その上、病後のトシは、体力の回復が遅れているうちに肺結核にも感染してしまったのでした。

入退院を繰り返しつつもトシは大学を卒業、東京で教師として生きる道を選びますが、その希望は病のために断念せざるを得なくなります。花巻に戻ったトシは療養と教師生活を交互に繰り返しながらも、徐々に弱っていきました。

トシが喀血《かっけつ》したことを知った賢治は、童話作家となる夢を抱きながら暮らしていた東京を25歳で去って故郷に戻り、花巻農学校の教諭をしながら、献身的にトシの世話をすることになりました。トシの病状は悪化する一方で、最後は喀血を繰り返し、つ

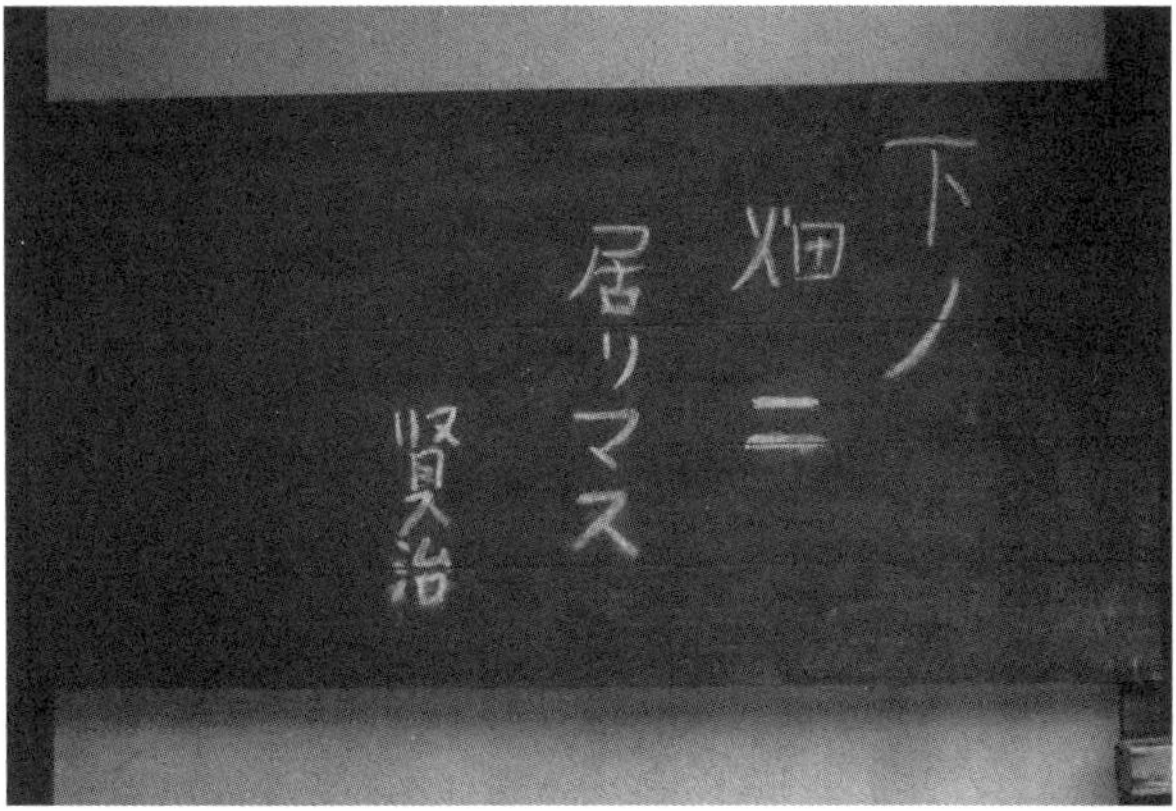

花巻農学校の教師時代に、賢治が来客のために書いた伝言

いに大正11（1922）年11月27日午後8時30分に永眠したのでした。

　トシが24歳の若さで亡くなった日の賢治の悲痛な叫びは、詩集『春と修羅《しゅら》』のクライマックスともいうべきシーンです。

　高熱にうなされているトシは、降り始めたみぞれを賢治に取ってきてほしいと頼みます。妹の最後の願いをかなえるべく、賢治は外に飛び出したのでした。

「けふのうちに／とほくへいつてしまふわたしのいもうとよ（略）**あああのとざされた病室の／くらいびやうぶやかやのなかに／やさしくあをじろく燃えてゐる／わたくしのけなげないもうとよ**」……賢治の目には、もうすぐ燃え尽きようとする妹の生の炎が、本当に青白く輝いているように見えたのでしょう。

妹はあの世から、賢治のもとをたびたび「訪ねてきた」？

しかし、兄妹はそれで「永訣《えいけつ》」――永遠に別れたわけではありませんでした。トシは賢治のもとを死後何回も「訪ねてきた」のです。

「僕は妹のとし子（当時は、名前を変えて呼ぶことも普通だった）が亡くなってから、いつも（略）やすむ前には必ず読経し、ずっと仏壇のそばに寝起きしているのだが（略）**枕辺にとし子の姿がありありと現れたので、すぐ起きてまた御経を上げていると見えなくなった。**次の晩もやはり姿が見え、二晩だけであとは見えなかった」と、賢治が講師を務めていた花巻農学校の学生・照井謹二郎に語ったとされる賢治の言葉が残されています（佐藤隆房『宮沢賢治（改訂増補版）』）。

学生たちにだけは、自分の経験した「怪力乱神」についても素直に話せたのか、あるいはトシのことだけは胸に秘めていられなかったのか……。

また同校の学生・松田浩一によると、ある2月の夜の12時過ぎ、死んだトシが、賢治の家の玄関に訪ねてきた話が「幽霊の話」として語られたそうです。「先生の耳に外の下ろし戸をトントンとたたく音が聞こえてきた（略）。土間を走るようにして下ろし戸を静かにあけると、死んだはずの妹トシ子さんが女学校教諭当時の紫のハカマと長袖の着物姿で立っていた。**『トシ子じゃないか、寒いから中に入りなさい』と手をとらんばかりにして自分の二階の部屋に連れてきた**」

妹に再会できた喜びが、ほとばしっているかのようですね。しかし、そのときの賢治は、トシを連れて仏壇の前に行き、お経を読んでやり、見送ることしかできませんでした。

賢治の詩「永訣の朝」によると「またひとにうまれてくるときは こんなにじぶんのことばかりで くるしまないようにうまれてきます」という意のことを語ったというトシ。彼女はいったい何をそこまで苦しみ、賢治もまた死んでもなお彼のもとを訪ねてくる妹を何を思って受け入れ続けたのでしょうか……。

賢治はときに「結婚したい」という意思をほのめかすことはありましたが、生涯独身を貫き、昭和8（1933）年9月21日に急性肺炎で亡くなります。死後、急速に有名になった賢治のことを、彼の弟・清六は**「賢治があちらで一生懸命努力しているから」**と語っていたそうです（桑原啓善『宮沢賢治の霊の世界』）。

歌人・西行がひそかに作っていた、不気味な「人造人間」

西行《さいぎょう》法師、俗名・佐藤義清《さとうのりきよ》は平安時代末期の宮中に仕えた、見目うるわしきエリート武官（北面《ほくめん》の武士）でした。

ところが保延６（１１４０）年、23歳の若さで、西行は妻子との順風満帆の人生を捨て、突然出家してしまいます。「行かないで」と彼にまとわりつく4歳の息子を蹴り飛ばしてまで家から出て行くという、この上なく身勝手にして、生木《なまき》を裂くようなつらい別れでした。

武官の家に生まれた西行にとって「出家」とは、京都の宮廷を去るための口実の一つだったと思われます。20代前半の若さにして西行はすでに歌人として知られていましたが、出家の理由は伝わっておらず、それは一説に、ある女性皇族との禁断の恋に悩み、彼女と距離を置くためだったとされることもあります。

その恋が露見すれば、自分だけでなく家族の身も危険にさらされるため、京都を去らねばならなくなった……といわれているのですが、身分違いの危険な情事に身をやつし、幼子を捨てて家を出て行ってしまう西行には、人間として大切な何かが欠けていたのではないかという印象があるのも事実でしょうね。

「ここにはいない親友」に逢いたいという寂しさから――

そんな西行のキャラクターに異なる角度から光を当てる、怖い話があります。出家後の高野山《こうやさん》での修行時代に、彼は寂しさのあまり呪術による人体錬成《れんせい》を試みたというのです（『撰集抄』「西行於高野奥造人事」）。

西行には親友がいました。古文の行間からは、2人の間にはただの友情というよりも、同性愛的なニュアンスが漂っていたように思われます。いずれにせよ西行にとっては**「同じ憂世を厭《いと》ひし花月の情もわきまへたらん友」**……この世に生きる憂鬱さをなぐさめ合うだけでなく、風流心も共有できる、それは大事な友だちでした。しかし時は過ぎ、彼は西行を置いて京都に行ってしまいました。

1人になった西行は寂しさをつのらせノイローゼになったか、夢にその彼が死ぬ姿でも出てきてしまったのでしょうか。**人間の白骨を材料に、誰かの魂を定着させると**

いう「秘技」を、西行は思い出してしまったのです。

「人に似てはいるが、人ではないもの」が動き出す

月明かりに照らされて白く光る骨を、彼は荒野で集め始めました。それらを藤のツルや糸で結びつけ、砒霜《ひそう》という薬やハコベとイチゴの葉の汁などを塗りつけた後、水で浄《きよ》めます。

それをゴザの上で14日間寝かせた後、満を持して「秘呪」つまり、おまじないを唱えるのですが……そうするうちに骨は人体に復元されていったそうです。

しかし恐ろしいことに、それは**人に形こそ似ているものの、まったく違う不気味な“何か”**でした。

肌の色が悪く、声は不気味で、何を言っているかもわからない。

それまで怪しい熱に浮かされたようだった西行の心に、初めて恐れが噴き出します。

とはいっても「何か」を我が手で殺し、もとの骨に戻してやることもできず……西行ができたのは、この「何か」を高野山の奥の、人も行かないところに置き去りにし、自分はその場から逃げ去るということだけでした。

呪術の大先輩に明かされた〝衝撃的な話〟

西行はすぐに京都に向かい、呪術の先輩にあたる源師仲《みなもとのもろなか》と面会します。しかし、そこで西行が知りえたのは、さらに不気味な事実でした。

源師仲は、それは修行の足りない西行などが試みるべき術ではなかった、と注意してから「四条大納言・藤原公任《ふじわらのきんとう》流の人体錬成の秘伝によって、私は何人ものヒトを錬成してきた」と告げます。

「その中には、朝廷で働く公卿たちも何人かいるが、その名を挙げると彼らも作者の私も死に見舞われる」とまで言ったのです。

西行は源師仲の話を聞きながら、誰かの勝手な意思で、もし自分の「クローン」が作られたならどれほど気味が悪いかとようやく思いをめぐらせ、もう錬成を試みることはなかったといいます。

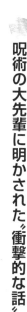

「説話」とは、現代風にいえば「本当にあった話」であり、僧侶が信者の信仰心を高めるために話して聞かせる話です。

西行のような有名な人ですら、出家後でも寂しさのあまり、人体の錬成を試みるという愚かさを持ち合わせていた。けれど、仏教の教えを真剣に学んだその後、彼の魂は救われた……という論法は、当時では有効だったのでしょうか。

5章

うずまく愛憎が、歴史の引き金を引いた瞬間

——欲と、嫉妬と、妄想と

「花の吉原」に生きた遊女たちのシビアすぎた生活

江戸時代の人々は、戦のない「太平の世」に生きられた反面、幕府から厳しく管理されていました。現代では性愛に奔放なイメージの強い江戸期ですが、それは出版禁止令をかいくぐって世に出された「枕絵」「あぶな絵」などのイメージのせい。

実際のところは倫理面にはかなり厳しい社会でした。たとえば幕府から公式に営業許可が降りた遊郭《ゆうかく》は、日本全国にたった三つだけ。**江戸の吉原《よしわら》、京都の島原《しまばら》、大坂の新町《しんまち》**です。

特に江戸の吉原については色街《いろまち》の筆頭とされ、その豪華さは「花の吉原」などとうたわれました。高い塀で囲われた遊郭の中は基本的に幕府の管理の外、自由恋愛万歳の治外法権的な世界だったといわれます。

しかし、その吉原遊郭の中で性愛にありつくには、外の世界以上の手間暇、お金がかかったというと驚くでしょうか。特に、現在の東京都中央区人形町あたりに吉原が

吉原の高級遊女（明治初頭）

あった頃――明暦３（１６５７）年の「明暦の大火」以前の吉原の格式の高さには凄まじいものがあったのです。

「吉原の最高ランク」に通うには、いくらかかったか？

「遊女」は、単に身体を売るだけの娼婦ではなく、そこに強烈な付加価値がつけられた存在でした。遊郭の外ではなかなか見られないタイプの浮世離れした美貌や、素人《しろうと》の女性には求められないような教養、機転が利いた会話などが重視されたのです。

そのためにわざわざ高い揚《あ》げ代（＝遊女へのギャラ）を払って酔狂《すいきょう》な客が登楼《とうろう》してくるのですから、性的サービスよりも、

「理想の恋」の幻想を売るのが遊女のビジネスの中心でした。

江戸時代は、実は儒教道徳が強く、恋愛は誰もができるものではありませんでした。特に理想化された恋は最高の贅沢品であり、それは遊郭の中でしか手に入らないものだったのです。

当時の吉原の遊女には最高格の太夫《たゆう》に始まり、いくつものランクがありました。高いランクの遊女に会うには、「揚げ代」の他にも、彼女が召し使うスタッフたちへのチップ、デートが行なわれる貸座敷の場所代なども客が支払わねばならず、現在の貨幣価値にして数十万円から、数百万円くらいのお金が飛んでいきました。

すべて遊女の気持ちしだいでことが運ぶため、お布団の中に導いてもらって**「なじみ」になるまで最低3回、同じ遊女に会いに行かねばなりません。**

その後「よい客」として扱われるには、1年に200日以上の「紋日《もんび》」と称する料金大幅割増のイベント日にも頻繁に出かけ、遊女に衣装を用意してやらねばなりません。

本気になったら破産は確実、まさに遊女とは「傾城《けいせい》」なのでした。お金の面だけではなく、手間のかかり方が途方もないのです。

実際、この手の客を圧迫する営業方法が災いし、吉原では太夫などの最高級遊女につく客がいなくなってしまいました。それに従って最高級遊女の姿も消え、結果的に時代が下るごとに、吉原の格式も下がる一方となってしまったのです。

梅毒で「やつれた遊女」がもてはやされた理由

一方、江戸時代は非常に梅毒《ばいどく》が流行した時代でした。職業柄、不特定多数とのセックスが多い遊女の梅毒感染率は高いものがありました。

吉原では、梅毒感染が新米遊女の最初の関門だとされていたくらいです。

当時の梅毒は現代以上に強毒性である場合が多く、一度症状が出始めると数カ月、長ければ半年以上も「全身が痺《しび》れたり、痛んだり腫れ上がり、苦しむ」（『世事見聞録』）という状態が続きます。その間、とてもではありませんが遊女商売はできません。本当に数奇者《すきしや》というか変わった客は、病気中の意中の遊女と自分も死ぬつもりで交わる、なんてこともあったそうですが。

梅毒になっても当時、完治させる手段はないので遊女は物置部屋のようなところで寝かされているだけです。遊女が闘病している部屋は**「鳥屋《とや》」**と呼ばれました。**遊女**

が苦しむさまが、鶏が卵を産むさまにたとえられたからだそうです。

そして病の峠を乗り越えた遊女の容貌は、がらりと変わってしまうのでした。

遊郭に売られてくる女性たちには、貧しい農家の出身者であり、太ってはいなくても丸顔で田舎っぽい感じの者が目立ったそうです。

ところが、**梅毒になると回復するまでにやせこけ、青白い肌になり、どこか人間離れした風情が漂った**のだそうな。

ちなみに吉原では、胸やお尻が大きなグラマラスな体型は「野暮《やぼ》」とされてあまり喜ばれず、身長が高く、スレンダーな遊女が「粋《いき》」だと人気が集まりました。そういうこともあり、病後のやつれた遊女の姿を客たちは「天女のようになった」などとありがたがりました。梅毒で寝ついた経験をすでにしたことがある女性は、吉原に高い値段で売ることができたともいいます。

遊女が「本気の恋」に落ちてしまったら――

他にも恐ろしい話はあります。吉原をはじめとする江戸時代の遊郭文化には、客に遊女が本気で惚《ほ》れている証として、**「心中立て」**と呼ばれる方法がありました。

身体に男性の名前のイレズミを入れる、ツメをはがして渡す、小指の先を切り取って渡すなど、自傷ともいえる行為で、目には見えない恋心を表現するのですが、考えるだけでも痛いですよね。

江戸時代中期の京都・島原遊郭では寛永20（1643）年には、木村屋の太夫が、どうしても客の男性に**「心のまこと」**を示さねばならなくなり、介錯人《かいしゃくにん》に自分の小指を切り落とさせることにしました。

ところがあまりに勢いよく切られてしまったので、大事な小指は広い庭に飛んでいって、ついに見つからなくなったという事件が起きました。

おそらくこの太夫という遊女、客に本気で惚れてしまっていたのでしょう。普通なら、客から「心のまこと」の証明を求められても、罪人の死体の一部が裏で流通していたため、それを手に入れてあたかも自分の小指の先端であるかのように客に送りつける……という対応を取ったはずですから（このように、客の心をあしらうテクニックを「手練手管《てれんてくだ》」と呼びました）。

本気の恋こそ、遊女が本当に恐れるべきものだったのかもしれません。恋の幻想を売る遊郭で一番怖がられていたのは本気の恋だったというのは、皮肉なことです。

自由に恋もできない「籠の中の鳥」

江戸時代前期に書かれた『色道大鏡』によると、「間夫《まぶ》」とは遊女にとっての本命の男性を指します。

しかし、江戸時代初期に数百石取り程度（現代の貨幣価値で数千万円程度）の収入がある「中級武士」ですら、週一のペースで吉原に通っていると破産してしまうほど、遊女の「揚げ代」は高額でした。

このため、**本気で恋をした男――「間夫」ができた遊女は、その男の遊興費を自分が立てかえる**はめになります。これを「達引《たてひき》」と称しました。遊女にとってはこれが命取りです。彼女たちは、家族や夫の借金の肩代わりとして遊郭に入れられているのに、達引なんてしていたら借金はますますふくれ上がる一方。

支払い能力の限界を超えたと店側が判断した遊女は、間夫と引き離されます。そこでもし、他の客を取りたがらなくなったり反抗的な態度を示したりすると、「仕置《しおき》」と呼ばれるひどい折檻《せっかん》を受けました。

仕置の担当は店主夫人である女将《おかみ》で、実行者は遊女を監視している店の遣《や》り手婆《ばばあ》あるいは男の衆たちだったそうです。両手足をしばった遊女を天上から吊るし上げ、先の割れた竹の棒で気絶するまで叩くなどの虐待が繰り広げられました。

文政9（1826）年に大坂では、姉と慕う先輩遊女があまりにひどい折檻を受けているのを見た少女4人が、投身自殺するという事件すら起きています。

こうした悲しい運命に自暴自棄になる遊女も多く、遊女による火付けが多かったのは、何よりこの手の締め付けをはじめ、行動の制約が特に厳しかった江戸・吉原でした。吉原の遊女たちは30歳を超えた頃に年季が明けるか、あるいは死ぬまでは、高い塀に囲まれた吉原の街から一歩たりとも出られないというのが掟《おきて》でした。

吉原は江戸時代を通じて27回も大火事に遭いました。そのうち19回が吉原全焼であり、その原因の多くが、**人生をはかなんだ遊女による付け火**だったとされます。

火事になったとき、監視が手薄になることをいいことに遊女たちは逃亡を試みました。これを「足抜け」といいましたが、捜索は厳しく、1週間も経たないうちに見つかるのが普通でした。店に送り返されてしまった遊女が経験するのは、例によって凄惨な仕置です。

「花の吉原」で遊女として咲き誇るには、非情の掟をものともしないタフさが必要とされたのです。

タフで執念深い女ナンバーワン 北条政子の「知られざる悪行」

日本史の「怖い女」の筆頭格として、多くの人がまず思い浮かべるのは北条政子ではないでしょうか。実際に彼女の姿を史料からひもといていくと、一途すぎるあまり驚くほど執念深く嫉妬深い、まるで「ヘビのような女」といえるかもしれません。

「貞女」と称された、その内なる妄執

平安時代末の12世紀、京の都から伊豆の蛭《ひるが》ヶ小《こ》島《じま》に流刑にされてきた、源氏の御曹《おんぞう》司《し》・源頼朝。その頼朝との恋を政子がまさに執念で成就させるまでの過程は、鎌倉幕府の公式史『吾妻鏡《あづまかがみ》』に描かれています。

父・北条時政《ほうじょうときまさ》から頼朝との結婚を反対され、山木《やまき》兼隆《かねたか》という武士と結婚するように政子は言いつけられました。山木の屋敷で結婚式までの日々を過ごす予定だったのに、

蛭ヶ小島（静岡県伊豆の国市）の頼朝・政子像

頼朝恋しさのあまり、なんと家を抜け出て、伊豆の夜の山道を歩いていったのです。

そして彼女は、頼朝のいる神社に逃げ込みました。この行動にはついに父の時政も折れました。

自らの行動をもってして、政子は父を説得することができたのです。政子のように1人の男性を思い抜くという愛し方ができる女を、鎌倉時代の武家社会は**「貞女《ていじょ》」**と呼び、たたえました。

伝承によれば、**戦に出た夫・頼朝の身を案じるあまり、政子が自分の髪を刺繍糸の代わりに使って完成させたという『頭髪梵《とうはつぼん》字《じ》曼荼羅《まんだら》』**も現存しています（伊豆山神社蔵）。

この曼荼羅は、愛というよりも妄執に近

いままでの情念を感じさせますが、それだけ当時の政子が夫の身を想っていた証だと思われます。ちなみに調査によると、この曼荼羅に使われていたのは血液型がO型の人の髪だったとか。

頼朝の愛人たちを次々と「消そう」とした政子

しかしそんな「貞女」を、敵に回せば後が恐ろしいのは自明のことですね。

のちに、頼朝と政子の夫婦関係も、しだいに様相を変え、恐ろしいこととなりました。

頼朝は、八幡太郎こと源義家の嫡流の子孫で、血筋は武家の棟梁ですが、本人は京都の貴族社会で生まれ育った貴公子です。よくいえば恋愛体質、悪くいえば女癖の悪い男でした。

頼朝が寵愛していた「亀の前」と呼ばれた女性の家を、頼朝不在のときを狙って、政子が家来に命じてペチャンコに潰させたという話すら、『吾妻鏡』には記されているのです。

ちなみに亀の前のことを「側室」と正式には書かれていないのは、正室・政子による承認が得られていなかったからでした。

頼朝が他の女性との関係を持ったのは、政子が妊娠中の時期が多かったそうで、その中には頼朝の子ども（男子）まで産んでしまった女もいました。

このときの頼朝の愛人の名は大進局《だいしんのつぼね》といって、もともとは侍女だった女性です。しかし、政子を恐れる頼朝の頼みで長門景遠という家臣の屋敷でかくまわれていました。

それでも政子には結局勘づかれてしまい、その家臣は政子をはばかって、鎌倉から遠ざかった土地で隠居するはめとなりました。

さらに頼朝と大進局の間の子は、７歳で京都の仁和寺《にんなじ》に送られて出家させられ、貞暁《じょうぎょう》と名乗るようになります。

それでも頼朝は政子の目を盗んで母子に会いに行き、自分との血縁を示す太刀を与えたといいますが……。こうした逸話からも政子という女が頼朝だけでなく、幕府関係者全体からどれだけ恐れられていたかがハッキリとわかりますね。

落馬説はねつ造？ 源頼朝の死因にまつわる〝謎〟

鎌倉幕府の公式史『吾妻鏡《あづまかがみ》』には、頼朝・政子の痴話ゲンカのような些細なことまでわざわざ記している例はたくさんあるのに、建久10（1199）年1月13日、**頼朝が亡くなった当時の記録が欠落している**と聞けば、読者はこの不自然さに驚くかもしれません。

『吾妻鏡』には、記録の欠落している時期が（意図的かどうかは不明にせよ）散見《さんけん》されるのは事実です。しかし、鎌倉幕府初代将軍・頼朝の死という重大事項に関する記事がまるまる抜け落ちてしまっているというのは、逆にそこになんらかの〝作為〟があるのでは、と思われませんか？

鎌倉から遠い京都でも、頼朝の死の知らせを聞いた公卿たちが「リアルタイム」で日記に頼朝の死因についてあれこれを記しているのにもかかわらず、です。

しかしその記述は**「飲水病（糖尿病）が重く、出家したのち、死去」**（『猪隈関白《いのくまかんぱく》記《き》』）というものもあれば、藤原定家は『明月記』に**「所労（疲労）」**と**「頓病（急病）」**と書いているように、バラバラです。

当時、鎌倉幕府からの頼朝の死因についての発表は、非公式なものですら出されないまま終わってしまっていたのかもしれません。

「落馬して死んだ」という記録は、リアルタイムのものではない

ちなみに『吾妻鏡』に頼朝の死についての記述が登場するのは、なんと頼朝の死後13年目のこと。

まとめれば、**「建久9（1198）年12月27日、相模川の橋供養にのぞんだ帰路に落馬した後に亡くなった」**ということになっているのです。

頼朝の次男・実朝が、父親が死ぬきっかけになった「縁起の悪い橋」を修理する必要はあるでしょうか？　と家臣に聞かれたとき、「橋と父の死に直接的な関係などないから、早く修理させなさい」と看破したときのことでした（『吾妻鏡』）。

少なくとも一族郎党の中では、頼朝の死は落馬事故が原因というふうに、語り継がれていたことがうかがえますね。

ただし、頼朝の死が落馬事故がきっかけであるワケがないという説も、当時から、その後数百年後になるまで根強く生き続けていたと思われます。しかし、こうした徹底した秘密主義は恐ろしい噂を発生させてしまったようです。

異説――平家の怨霊が、頼朝に取り憑いた？

もうひとつ、頼朝の死因については、面白い説があります。

南北朝時代に完成した歴史書『保暦間記《ほうりやくかんき》』には、前述の橋供養の帰路、頼朝が殺さざるをえなかった義経をはじめとする弟たちの霊、ついで安徳《あんとく》天皇の霊までもが現われたので、屋敷に戻ってからの頼朝は病みついて、そのまま死んでしまった……という記述すら出てきます。

「これを病死といふべからず。**ひとへに平家其外《そのほか》おほくの人をうしなひ、或《あるいは》しんぞくをほろぼししをんりよう（怨霊）因果歴然のせめなり**」

とまとめられているのですが、頼朝が命を落としたのは、平家をはじめ、頼朝を恨みに思う多くの怨霊に責められた心霊現象に遭ったからだと説明づけているわけですね。

頼朝の死因を隠そうとした〝ある権力者〟

　さらに江戸幕府の御用学者・新井白石《あらいはくせき》は、不穏な説を披露しています。「頼朝の死の前後の記録がないのは、源頼朝ひいては『吾妻鏡』という書物に思い入れが深かった徳川家康が、頼朝という名将の名誉の傷になるようなことは、後世に伝えないほうがよいといって捨てさせたから」というのです（『紳書《しんしょ》』）。

『吾妻鏡』の中で徹底的に秘密にされてしまったことが原因で、頼朝の死因については、のちの武家社会において逆にエピソードが盛られていくことになったのでしょう。

そしてそのうち源頼朝の死の真相は、触れてはいけないほどの恐るべきタブーとなっていったことがわかりますね。

戦国乱世に翻弄された悲劇の女人・お市の方

元亀2（1571）年9月12日、織田信長の軍と浅井《あざい》・朝倉軍は、あろうことか比《ひ》叡山《えいざん》・延暦寺《えんりやくじ》の寺領の周辺でにらみ合っていました。前年4月に、織田信長の妹・お市《いち》が浅井長政《ながまさ》に嫁いでいたにもかかわらず……。

この浅井長政が織田勢に反旗をひるがえして以来、両軍の激突は幾度となく続いていました。しかも、信長が延暦寺の所領を奪った事件が2年前に起きていたこともあり、延暦寺は浅井・朝倉軍側に協力的でした。

織田信長を実の兄に、浅井家の若き当主・浅井長政を夫に持つお市の方の苦しみは、言葉では表現できないほど深いものだったことでしょう。しかも戦が始まったら、皇室も篤《あつ》い信仰を寄せる、天台宗の総本山・延暦寺が火の海と化してしまうはず。

しかし、そこに時の帝・正親町天皇による「講和せよ」との勅命が届きます。天皇の停戦要求に応えぬわけにはいかず、浅井・朝倉軍は山を下りていきました。

実戦は直前で回避できたかのように見えたのですが……信長が、あろうことか延暦寺を攻撃してしまったのでした。かねてより信長は、浅井・朝倉側（特に朝倉家）に延暦寺が味方したことに強い不快の念を抱いていました。

しかし、恐れ知らずにも延暦寺に火を放つとは……。世間は震え上がりました。しかもこのとき、信長は室町幕府の将軍・足利義昭《あしかがよしあき》に泣きつく形で天皇による勅命講和を、出してもらっていたのです。それに乗じて敵軍がいなくなったら、延暦寺を燃やすなど狂気の沙汰です。

京都はパニックにおちいりました。信長と親交のあった公家の山科言継《やましなときつぐ》は、日記『言継卿記』で「仏法の破滅」と書いています。フロイスの『日本史』によると犠牲者数は1500人ですが、『言継卿記』によると3000〜4000人にも達したといいます。

生き残った「浅井家の者」は、むごたらしく殺される

さて天正元（1573）年、ついに信長は朝倉家・浅井家を秀吉に攻めさせることにしました。信長はお市を嫁に出している浅井家には何度か和睦の使者を送っていま

した。そして、今回もお市は夫と兄の板挟みで地獄を見ることになります。

長政の父・久政が強硬姿勢を貫いたため、講和は結局、実現しませんでした。8月、朝倉家当主・朝倉義景が自害。浅井長政とその家族が籠城する小谷城《おだにじょう》は、ついに織田の軍勢に取り囲まれてしまいます。

長政は戦の最終段階で、妻・お市に子どもたちをつれて実家に戻るように諭《さと》しました。最初、お市は長政の言葉に従おうとしませんでした。

しかし、茶々（のちの淀殿）、初《はつ》、江の三姉妹たちや、嫡男・万福丸《まんぷくまる》などとともに城を出ることをお市がようやく決意し、彼女が信長の陣営にまで送り届けられた後、小谷城への無情の総攻撃が始まります。浅井長政は奮戦むなしく、自害に追いやられました。

秀吉はこの戦いにおける功績を信長から大いに評価され、浅井家の旧領12万石を引き継ぎます。農民から出発した秀吉はこうして城持ち大名になれたのですが……その後が最悪でした。お市とその娘3人を除き、**お市の産んだ浅井の嫡男・万福丸や、浅井の近親者を老若男女問わず、信長の命じる残虐極まりない方法を実行して殺す**という役目を引き受けざるを得なくなったのです。

たとえば長政の母・小野殿は、手の指を数日かけて1本ずつ切り落とされた後に処刑され、居場所がつかめなかった万福丸は、お市に信長が「許してやる」とウソをつき、呼び寄せたところを捕縛されてしまいます。

万福丸はまだ幼い子どもでしたが、わざわざ苦しみを長引かせるために尻から錆《さ》びた槍を体内に突き刺され、口から穂先が出るまで貫かれるというむごたらしい「串刺しの刑」で殺されてしまったのです。

実の兄・信長が「亡き夫のドクロ」を――

さらに翌年の天正2（1574）年元旦。正月の年始挨拶にやってきた近隣の大名たちが退出した後のことです。

馬廻《うままわりしゅう》衆、つまり信長にとっては身近な者たちだけになったとき、**朝倉義景、浅井長政と久政父子のドクロを漆や金粉で装飾し、工芸品のように加工した代物が登場**し、宴の参加者はそれらを眺めながら飲んだり歌ったり舞ったりして新年をお祝いし、ご機嫌だった……というのです。

このとき、ドクロから盃《さかずき》を作って酒を飲み交わしたというシーンが、ドラマなどには出てきますが、こちらは「御肴」という表現を拡大解釈した後世の創作ですね。オリジナルのほうが奇怪な感があります。

いずれにせよ、この話を聞いたお市の心境はいかばかりのものだったでしょうか。

生涯二度目の落城を悟ったお市の「決断」

織田家は戦国武将の中でも、とりわけ男尊女卑の傾向の強い家でした。一説に二十何人いたという信長の兄弟姉妹のうち、女性で本名の記録が残る者すらわずかという有様です。それはお市のように結婚という形で、織田家のために働いた者たちだけの「特権」でした。

兄・信長の命を拒み切れず、お市の方が越前47万石の領主・柴田《しばた》勝家《かついえ》と再婚することになったのが天正10（1582）年秋のこと。柴田勝家は信長の信頼も厚い、古くからの部下でした。3人の娘を連れての再婚でしたが、勝家は義理の娘たちをかわいがったという伝承が地元には残されています。

しかし、秋に始まったお市の結婚生活は、翌年春にはもう終わりを迎えました。それは悲惨な終わり方でした。

天正10（1582）年の本能寺の変で「絶対君主」信長が亡くなってからは、織田家の勢力図はわずかの間に大きな変化を遂げていたのです。織田家の重鎮である柴田勝家と、新興勢力代表である羽柴秀吉が対立し、ついには軍事衝突にまで発展してしまったのが天正11（1583）年4月20日のこと。

当初は柴田勝家が優勢でしたが、21日の早朝2時の時点で、奇襲をかけた秀吉が一気に盛り返してしまいます。こうして柴田勝家は家族や残された家臣ともども居城・北ノ庄城《きたのしょう》に籠城したのですが……。

難攻不落だと誰もが信じていた北ノ庄城で最後の宴が行なわれたのが、戦の開始からなんと3日後の24日午後のこと。あまりにあっけない敗北でした。身分を超え、飲み、歌い、舞うという城中がひとつに結ばれるような宴会が終わると、柴田勝家からお市と3人の娘は城外に出るように強く勧められました。しかし、お市は**「夫とともに死にたい」**と強く主張、娘たちだけが秀吉に引き渡されることになりました。

夜半を告げる鐘の音を聞いたお市と柴田勝家は、寝所に入ります。陰暦の4月後半は現在の6月頃にあたります。夏の鳥の代名詞である、ほととぎすの鳴く声なども本当に聞こえたのでしょう、2人は次のような和歌を詠み交わします。

お市「さらぬだに　打ちぬる程も　夏の夜の　別れを誘う　ほととぎすかな」
（意訳：そうでなくても短いのに、今日は本当に短く感じた初夏の夜がもう明けようとしている。私たちを別れに誘うような、ほととぎすの鳴き声であることよ）
勝家「夏の夜の　夢路はかなき　跡の名を　雲井にあげよ　山ほととぎす」
（意訳：夏の夜の夢は、はかないものですね。わたしたちの死後の名声を、天高く飛ぶほととぎすよ、雲居の高さにまで押し上げておくれ）

このやりとりの直前もしくは直後でしょうか、25日早朝4時、秀吉軍の総攻撃が始まります。ほどなく、お市の方と12人の妾、30人あまりいた女房たちは柴田勝家のもとに集められます。死すべき時間が来てしまったのでした。

正座し、手を合わせたお市に向かって柴田勝家が妻を胸に抱くようにしたとき、彼の短刀はすでにお市の胸を刺し貫いていました。お市は即座に絶命。その後、一気に女たちを殺した柴田勝家は、最後にお市の方の遺骸の前に戻り、そのまま腹を十文字にかっさばいて果てました。城中にはまだ80人あまりの家臣たちがいましたが、彼らも切腹、もしくは刺し違えて絶命したとのことです。

これらすべては柴田勝家が自分たちの最後の姿を目に焼き付け、語り継ぐようにと命令した「老女」が、のちに証言した内容です。

城は炎に包まれ、25日午後4時の時点で、柴田勝家の一族は滅亡したことが確認されました。当初、秀吉は妾や女房は死んだり、殺されたりするとしても、嫁いで約半年のお市の方までもが本当に死を選ぶとは信じられなかったのかもしれません。

しかし、お市の方は燃え上がった城からとうとう出てこないままでした。

お市は秀吉を拒んだというより、織田家の女としての己の人生を「もうこれで十分」と拒んだ死だったと思います。落城の際でも、武将の妻は夫に連座《れんざ》しないという戦国の慣例を破ってまで選んだ死でした。

恐ろしいことにその後、**お市の死にざまは戦国の女たちに、落城時に夫と死んで果てるのが一番と「死」を美化させるひとつのスタンダードとなっていきました。**

大量殺戮《さつりく》の恐怖をもたらした信長の妹であることに苦しめられ続けたはずのお市。はからずも、自分の行為がそんな結果を生んだと知れば、落胆したことでしょう。

『四谷怪談』お岩さんのモデルとなった人物の真実

日本史上でもっともむごい物語のひとつは、『四谷怪談』でしょう。

案外知られていないのですが、登場人物のお岩さんや、彼女を殺害する伊右衛門には実在のモデルがいました。

まずは、歌舞伎作者・鶴屋《つるや》南北《なんぼく》による『四谷怪談』の長い話をおさらいしましょう。

「江戸市中・雑司ヶ谷四谷（＝実在しない土地だが、現在の豊島区高田1丁目あたりとされる）で浪人中の武士・民谷《たみや》伊右衛門《いえもん》は、ラクに生きていけるなら殺人など平気な悪い男。

妻のお岩が出産後に体調を崩すと、伊右衛門は彼女といるのが面倒くさくなって、お梅という若い娘と再婚したくなる。しかしお岩に説明するのも気詰まりなので、いっそのことお岩を殺そうと伊右衛門は画策するのだった。

伊右衛門はお岩に、毒薬を良薬だと偽り飲ませると、彼女の顔は腫《は》れ上がり、髪は抜け、生きながらにして妖怪のような容貌になってしまった。その時点でようやく夫が悪人だと気付いたお岩は、伊右衛門を呪いながら憤死《ふんし》する。

すると伊右衛門は下男を殺害、お岩と彼の間にありもしない不義の愛をでっちあげた上、２人の遺体を戸板の裏と表にクギ打ちして川に流すという暴挙に出る。

こうして伊右衛門はお梅と再婚するが、お岩たちの幽霊につきまとわれ続ける。錯乱のあまり伊右衛門は、お梅をお岩の幽霊と間違えて斬り殺してしまう。

その後もお岩たちの幽霊に追いかけられ、江戸中を転々とする伊右衛門の前に、義弟が刀をもって現われる。お岩の妹を妻にしていた義弟は妻から、伊右衛門への仇討《あだう》ちを切望していたお岩の遺言を聞いて哀れに思い、それを遂げにやってきたのだ」

人間の業《ごう》の恐ろしさを感じさせる、凄まじい話ですね。

史実の「お岩さん」は、どのような人物だったのか

それでは――グロテスクな怪談に仕立て上げられてしまったお岩・伊右衛門夫婦の

真実はどうかというと、こちらは拍子抜けするほど「よい話」なんですね。

お岩さんの霊を、正確には彼女の霊も祀った於《お》岩《いわ》稲荷《いなり》田《た》宮《みや》神社（四谷左門町）で、公表されている由緒書『田宮神社由来記』の内容をまとめると、次のようになります。

「田宮家は、四谷左門町で御先手鉄砲組同心を務めた、御家人という武士の家柄である。お岩・伊右衛門夫婦はその2代目で、伊右衛門は入り婿だったが、2人の夫婦仲は極めてよかった。しかし田宮家の当主に与えられる給与は1年で16石に満たぬ額で、暮らしは貧しい。**ついに夫婦は奉公に出たが、お岩は田宮家の家屋敷に昔から祀られていたお稲荷様を熱心に信仰し続け、その功徳もあって夫とともに御家を無事復興することができた」**

史実では、お岩さんが亡くなったのは寛永13（1636）年のこと。当然、変死ではありませんでした。

2人の夫婦愛の物語は江戸っ子に評判となり、それにあやかろうとお参りする者が増え始めました。お岩さんにも人気が集まったので、彼女を祀る祠も特別に作られたとか。

参詣者がさらに増えたため、享保2（1717）年には、寺社奉行管轄の神社として認められるに至った……そうです。

歌川国芳が描いた『四谷怪談』――お岩の幽霊に驚く伊右衛門

ちなみに田宮伊右衛門が幕府からいただいていた16石未満、正確には15石9斗という金額ですが、現代の貨幣価値に置き換えると、約160万円程度でしょうか。

将軍直属の武士である彼ら御家人の家屋敷は幕府から支給されたものなので、家賃はかかりませんし、現代のようなイメージでの税金もほぼなかったと思われますが、家屋敷の維持費や、子どもたちを育てていく費用も考えると、生活のやりくりは相当にシビアだったでしょう。

そこへ、他の武家への出稼ぎ奉公で家を復興させたお岩さんのエピソードのおかげで、ただの屋敷神に過ぎなかった稲荷神社に人を呼べるようになり、副収入がもたらされたのですから、子孫たちには本当にありがたいことだったはずです。

なぜ「良妻」が「鬼女」にさせられた？

しかし……寺社奉行管轄の神社として認められた享保2（1717）年から10年後の享保12（1727）年、**「四谷雑談」なる怪文書**が世間に出回りました。いわく、「四谷の（田宮ではなく）間宮という者の醜い一人娘・お岩のところに喜衛門という養子が来た。お岩がイヤでたまらない喜衛門は、彼女を追い出すため博打《ばくち》に負けたとして家中から金目のものを持ち出し、妻に極貧の生活を強《し》いた。

それでも出て行かないお岩をよその屋敷に奉公に出し、妻の留守中に別の女と喜衛門は結婚する。その事実を知ったお岩は激怒し、鬼女となって四谷の方面に走っていった。お岩の呪いで喜衛門を含む18人は怪死した」

そのお岩の祟りを鎮めるために神社が建てられたのだという、明らかに事実とは異なる、また神社経営が盛況な田宮家をやっかむ内容でした。

この逸話が天明8（1788）年の『模文画今怪談《もんがこんかいだん》』なる怪談集に転用されていま

す。さらに鶴屋南北がそれを文政8（1825）年の自作『四谷怪談』に勝手に転用。個人の肖像権やら著作権の概念ゼロの時代の話にしても、ここまで実在の人物の名前が都合よく使われてしまうのは恐ろしい限りです。

しかし……『四谷怪談』が大ヒットするにつれ、田宮神社の信者も増加してしまったのでした。

「祟りの代名詞」に祭り上げられていく過程

さらにゾッとするエピソードがあります。文政8（1825）〜文政11（1828）年にかけ、幕府が町役人に提出させたという『文政寺《ぶんせいじ》社町方書上《しゃまちかたかきあげ》』の中に「於岩稲荷（田宮神社）由来書上」というものがあります。

そこには、これまでの中傷文書のあらすじを、さらに補完したあくどい内容がなぜか記されていたのでした。

たとえば、お岩さんは**「疱瘡《ほうそう》（天然痘）から回復したものの、片眼が潰《つぶ》れてしまった不器量で強情な娘・田宮いわ」**として描かれ、史実では彼女が夫とともに守り抜き、当時まで続いていた実家・田宮家は**「呪いですでに断絶」**とされていたのです！

それでは、なぜ、田宮家の人々は、このデマにもほどがある文書内容を否定しなかったのか――。

筆者が思うに、お岩さんの子孫の田宮家は生活のため、この文書内容を認めざるをえなかったというせちがらい事情があったのでしょう。

先ほども少し、田宮家の当主のサラリーについてお話ししましたが、お岩・伊右衛門夫婦の生きた17世紀前半と、「於岩稲荷由来書上」が書かれた19世紀前半を比較すると……なんと貨幣価値が約10分の1にまで落ちているのです。

物価が上がっても、幕府から支払われる武士の給与額に基本的に変更はなく、幕府に文句をいうこともできませんでした。

つまり**お岩・伊右衛門時代に年収１６０万円でも、「於岩稲荷由来書上」時代には年収16万円になっている**のです。

こうなると田宮家の子孫たちは、お岩・伊右衛門夫婦の時代のように「奉公に出る」程度では、生きてはいけなかったでしょう。それこそ神社に寄せられる信者のお賽銭《さいせん》などの助けなしには……。

「四谷怪談の舞台では事故が起こる」のは、お岩さんの呪いか？

そして史実では存在しなかった「お岩さんの呪い」は、こうした現実世界のせちがらいやり取りの中で、なぜか〝実在するもの〟に変わっていくのです。

鶴屋南北の時代から『四谷怪談』を上演するたび、役者の病気やケガがあいついだといいます。

これは、**同作の舞台は他に比べて、場面転換が非常に多いため、役者や舞台装置の担当者が疲れやすくミスも出やすいから**……現実的に考えれば理由は明白なのです。

しかし当の鶴屋南北本人が、宣伝がわりに「お岩さんの呪いが原因説」を世間に流してしまったので、結局、歌舞伎座で『四谷怪談』が上演されるときは出演者が揃って田宮神社に、ほぼ必ずお参りするという慣例ができており、それは今日に至るまで続いているそうですよ。

それにしても、存在していなかった呪いを劇中で勝手に作ってしまったことがきっかけで、呪いが本当に実際のものになったという話は、恐ろしいですね。

6章

〝権力〟あるところに
つねに生じる、語られぬ闇

——大きな力が動くとき、その嘘と悪も大きくなる

天下の悪法「生類憐れみの令」、その実態に迫る

5代将軍・徳川綱吉と聞けば「生類憐《しょうるいあわ》れみの令」を思い出す人も多いでしょう。これは彼の治世のうち、何度も出された動物愛護系の法令の総称です。犬に関する最初の愛護令は貞享2（1685）年7月14日に出されたもので、**「将軍の行列の際、犬猫をつないでおく必要はない」**という内容でした。

先代までの将軍の治世では、行列に犬猫が飛び出したりしないよう、ちゃんとつないでおくように、というお触れが出ていたのと正反対のことを綱吉は言い出したわけです。

そして貞享3（1686）年、少なくとも現存する中では最初の「生類憐れみ」という言葉がふくまれる法令が登場しています。

「生類憐れみの志をもって」、犬を台車などでひいて殺さないようにとか、野良犬にもエサを与えてやりなさい、捨て犬は誰か育てられる人がちゃんと世話をしてやりな

さいという、案外「まとも」な内容でした。しかし、綱吉の中では犬保護に対する怪しい情熱がますます高まっていったことがわかります。

綱吉の時代、江戸市中に「野犬が急増していた」理由

貞享4（1687）年、**犬の戸籍「御犬毛付帳《おいぬけつけちょう》」**が作成され始めました。生類憐みの令全体では何事にも真面目な会津地方を除き、江戸以外は基本的に冷淡な対応だったとされますが「犬戸籍」の作成については、地方でも協力的だったようです。

ここで注目すべきは、野犬が**「旅犬」**と表記されたこと。どこかへ旅の途中の犬、という婉曲表現です。

「犬戸籍」にだけは地方も協力的だったのは、当時の日本で野犬が怖がられていたからでしょう。野犬は、老人や子どもを襲う可能性がありました。狂犬病の犬に嚙まれれば、命に関わります。

特に当時、江戸市中では野犬の数が急速に増加していました。ドイツから来日していたケンペルという外国人は、江戸の野犬の多さにビックリしています。

しかし、もともと江戸時代初期までは、野犬の数はそこまで増加はしていませんので

した。特に冬になると、野良犬の姿はパタリと消えてなくなったといいます。その理由は、**貧しい者が飢えのあまり、野犬を捕まえて食べてしまっていた**から。

それが綱吉の時代になると、政治・経済・天候が安定し、犬を食べねばならないほどの飢えに見舞われる事態は減り、同時に犬の数が増えてきていたようなのです。

普通なら、そこまで犬が増えて民が迷惑しているのであれば、迷わず殺してしまったでしょう。しかし学問好きの綱吉には、「それは道徳上よろしくない」と思うだけの感性がありました。綱吉は若い頃から、理想の社会を追求するため、儒学を中心とする政治哲学の学問にそれは熱心に取り組んでいました。

だからこそ、困った犬も、「殺すのではなく隔離すればよい」と思い付いてしまったのでしょう。これが悪名高い、大規模な**「犬小屋」**の設置につながります。

保護されるはずの犬たちはどう扱われていたか

元禄8（1695）年、江戸の郊外・中野村から高円寺村にかけ、30万坪ほどもの敷地が準備され「犬小屋」が作られ始めました。

同年、江戸市中の大久保・四谷にも、中野に比べると小規模ですが犬小屋は作られ、特に「人に荒き」つまり獰猛《どうもう》な野犬が、専門の係の者によって捕縛され、連れてこられていました。

大久保・四谷の犬小屋の問題犬たちは数年内に中野に移されたようですが……先に中野の犬小屋に収容されていた犬たちが、半分ほど死んでしまった後のことでした。

史実で見る限り、犬小屋は「御犬様」にとって、パラダイスどころではありません。**「養育がむごい（飼い方が悪い）から犬たちが死んでしまう！」**（『民間省要』）との批判も直に向けられる、さながら〝犬の強制収容所〟のような場所だったようですね。

実は今では、どのような飼育がされていたかもよくわからないのです。

推測するに一時期、10万頭ほどが収容されていたこともあって、係員の数が足りていませんでした。エサにする穀物などは犬がもといた場所から、「御犬上げ金」と称し、供出させていたのですが、こちらも不足していた可能性があります。

土地の広さだけは十分すぎるほどありましたが、他の犬や人間と上手く関わることができない問題犬たちばかりですから、ストレスやケガ、病気で（専門の犬医者もいたそうですが）次々と死んでしまったのだと思います。

そしてもっとも怖いことに、こうした「現実」を綱吉は見て見ぬふりでした。自分はよい発案をした、成果が出せないのは部下の責任、という感じでしょうか。

犬たちの〝その後〟の運命

当然のことですが、形だけの道徳を押し付けられても庶民たちは反発します。たとえば、綱吉が中野に犬小屋を作り、**犬たちを収容することに熱心だった元禄8（1695）年から翌年あたりにはかえって、犬を磔《はりつけ》にしたり、犬の首を切って殺して、さらし首にしたりといった奇怪な暴力事件がかえって増えてしまいました。**

ひどいのは、このように犬を殺した者が死罪をふくむ厳罰に処せられることが判明すると、元禄9（1696）年秋には犬を絞殺した真犯人が、他人に冤罪を着せようとして、他人のハンコを押した書類つきの犬の死体を放置するという事件まで発生したことです。

冤罪《えんざい》は奇跡的に防げましたが、生類憐れみの令で道徳心が養われるどころか、むしろその逆になってしまったのですね。

結局、犬にも人にも何もよいことのない、カタチだけの道徳を説いた法が「生類憐れみの令」でした。

その後、6代将軍・家宣《いえのぶ》時代に中野の犬たちは「片づけられた」といいます。殺処分というより、野良犬に逆戻りさせられたようです。

さらにその後……8代将軍・吉宗の時代、かつて犬小屋のあった中野には桃の木が大量に植えられました。桃の花には悪霊を払う効果があると信じられていました。小屋の中でむなしく死んでいった犬たちへの供養だったともいわれています。

江戸城・大奥を揺るがした「絵島・生島事件」の首謀者とは

江戸城大奥のキャリアウーマンを代表する「御年寄《おとしより》」として活躍していた、絵島《えじま》の運命が突然暗転したのは、正徳４（１７１４）年１月12日の芝居見物の後でした。絵島が天和元（１６８１）年生まれとの説に従うと、彼女はこのとき数え34歳、出世はかなり早いほうだったようですね。

しかし、この芝居見物が絵島にとっての命取りとなりました。初芝居の夢のような時間が終わった後、絵島は悪夢の世界に突き落とされるのでした。

この日、将軍家の菩提寺《ぼだいじ》である芝の増上寺《ぞうじょうじ》（上野の寛永寺《かんえいじ》という説もある）に参詣した絵島は、帰りに山村座という芝居小屋に寄って、おつきの女中たちとともに芝居を鑑賞したのです。

江戸城の役人では老中に相当する格式を誇る御年寄が外出するとなると、行列も10万石クラスの大名と同等とするべきというルールがありました。莫大な経費がかかります。それでも御年寄は、自分に仕える下の立場の者に息抜きさせるためにも、この数少ない外出のチャンスを狙い、芝居や物見遊山に連れていくのが、上に立つ者としての力量の見せどころでした。

こうして参詣を済ませ、芝居を見終えて江戸城の平河門にたどり着いたのが一説に夜8時頃。夜6時以降の門は掟通り閉じられていましたが、一行はいったん中に入れてもらえることができたといわれています。今回の寺院参詣と芝居見物は、大奥のトップたちからも許しを得ていたからです。

しかし、平河門の中で「問題」が発生したようです……と曖昧《あいまい》にいうのも、このあたりの事情は資料ごとに情報が矛盾し合っているからです。ハッキリわかるのは結果だけです。

正徳4（1714）年2月2日、絵島は大奥を追放され、江戸市中の養父の家に監禁されることになります。しかし見張りがついており、彼女とは誰も口をきくことはできないという処置がとられました。

また、同月12日、絵島たちが芝居見物していた山村座の**役者・生島新五郎《いくしましんごろう》が牢屋に入れられ、江戸北町奉行所による厳しい拷問の結果、絵島との密通（情事）があったと証言してしまう**のです。大奥の御年寄たる者にとって、この不適切な異性関係は罪となりました。

この生島の自白をもとに、厳しい尋問が罪人扱いの絵島の身にも降りかかりました。おそらく絵島にとって生島は贔屓《ひいき》役者というほどでもない役者、何度か見に行った山村座の舞台で大役を務めていたので、幕間に挨拶された程度の仲だと思われます。それなのに、三日三晩も寝ずの詮議を受けることになった絵島の不幸には同情するしかありません。

彼女は毅然と**「生島との情事の事実はない」**と否認し続けました。それなのに3月5日、生島は流罪、絵島には死罪という無情の沙汰《さた》が下りました。

しかし……絵島の死罪は土壇場で高遠藩《たかとお》（現在の長野県伊那地方）への流罪へと「なぜか」減刑されました。その後、大奥からの赦免活動がありましたが、**絵島は死ぬまでの約30年間を高遠藩が用意した屋敷の中で監禁されて暮らしたとされます。**

江戸城大奥の御年寄といえば、先述の通り、外に出れば10万石の大名と同格とされるほどの権勢をふるった身。屋敷の粗末な小さな部屋での暮らしは、どれほどわびしかったことでしょうか。

大規模な「冤罪」の、裏で糸を引いていた人物は――

武家の系図を記した『寛政重修諸家譜《かんせいちょうしゅうしょかふ》』には絵島についての項目があり、「絵島こと暫級出世して老女」となったと記録されています。「徐々に出世し老女＝御年寄にまでなった」ということですね。大奥の出世コースでは、将軍との恋愛関係を利用して成り上がる女と、キャリアを通じて成功する女の2種類がありました。絵島は後者だったのです。

いずれにせよ、大奥の出世はどちらのコースでも、人好きする外見の他、運や実力者からの協力が欠かせないものでした。少しずつキャリアを重ねていった絵島の運勢が一気に華々しく変わるのは、6代将軍・家宣の側室にして7代将軍・家継の生母である月光院《げっこういん》に実力を認められてからのこと。それは家宣が亡くなった正徳2（1712）年2月以降だったといわれています。

月光院には、天英院《てんえいいん》という強力なライバルがいました。

天英院は家宣の御台所（正室）――つまり大奥の頂点に君臨する女性です。公家の名門・近衛家出身のお姫様である天英院は、身分の低い家柄から大奥に入り、側室ながら、家継を産んで将軍生母として成り上がった月光院を少なくとも好いてはいませんでした。

月光院には、亡き家宣の寵臣・間部詮房《まなべあきふさ》など「表」には協力者がいましたが、彼らはしょせんは男性。**男子禁制の大奥で月光院を守ることができる切れ者が必要で、優秀な絵島が抜擢された**のだと考えられます。

しかし、将軍生母の月光院側が体制を固めれば固めるほど、将軍正室の天英院側としては面白くありません。ご想像通り、この絵島生島事件は大規模な冤罪であり、その黒幕は天英院だったといわれます。

将軍正室VS.将軍生母のバトルの末に……

天英院はプライドと自己愛が大変強い女性でした。家宣の御台所としての強い使命感を持っていたのは、さまざまな言動からもハッキリとわかります。

大奥では30歳以上になった女性は、夫と寝室をともにすることを辞退しなければならない「御褥滑《おしとねすべり》」という風習がありました。しかし、天英院は念願の男の子を、それも30歳を超えて授かっているんですね。

上流武士の社会ではまれになっていた正室が継嗣を産むことに、なんとしてでも挑戦したかったという執念を感じます。長女・豊姫《とよひめ》、長男・夢月院《むげついん》という2人の子どもを授かりましたが、しかしこの子どもたちは2人ともごく短命で世を去っています。

御台所・天英院にとって、月光院は将軍である夫・家宣の子を産んでくれた恩人です。その家継が将軍位を継ぐのですから、本来ならば喜ぶべきところではありました。しかし1人の女性としては……家継が育つほどに、幼くして亡くなった我が子を思わずにはいられなかったであろうことも想像できてしまいます。

また当時、ひそかに問題視されていたのは、**月光院には家宣の遺臣・間部詮房との間に情事の噂があったこと**。家宣亡き後、**家継が間部を「父上」と呼んだ**というような話が現在にも伝わりますが、当時の大奥にはもっと多くの噂が乱れ飛んでいたはずです。

絵島生島事件の情報が抹消された現在、あくまで想像するしかありませんが、この乱れた大奥の風紀をただせるのは、将軍正室・御台所である私以外にいないという正義感が天英院を突き動かし、**「あの絵島とかいう成り上がりを消して、月光院の勢いを削《そ》いでやるしかない」**という一念で計画されていったのではないかと思えます。

冤罪を着せられた絵島の、その後の「待遇改善」の理由

高遠藩の屋敷で暮らし始めて約8年たった8代将軍・吉宗の時代、絵島の行動は比較的、自由なものとなったという説があります。非公式ながら、そういうふうに減刑することを幕府が認めたらしいのです。

この処置のおかげで絵島は、高遠藩主から依頼を受けて、月に何日かは高遠城にあがり、城の奥に務める女中たちの指導ができることになりました。

興味深いのは後年、**天英院本人が、高遠藩で暮らす絵島の待遇改善に動いたという事実がハッキリと残されている**ことです。

いくらただの成り上がり者とはいえ、大奥御年寄である絵島に、ありもしない情事の罪をかぶせて追い落とすことが、その後、どういう混乱を招くのか。お姫様育ちである天英院はそれを具体的には想像できなかったのではないでしょうか。

大奥史上最初の風紀粛正事件である絵島生島事件。絵島の罪は多くの係累《けいるい》にもおよび、彼女の兄弟は死罪をふくむ重罪に処せられました。他にも具体的な罪を得たのは

50人以上という大事件です。芝居小屋・山村座も取り潰されました。

その後、月光院の子の7代将軍・家継は風邪をこじらせわずか7歳で死んでしまいました。天英院が大奥のかじ取りをする時代の始まりです。8代将軍になったのは元紀州藩主・徳川吉宗ですが、その人選にも天英院は深く関わったといわれています。

かつて大奥に入る女たちはみな、野心を抱いていました。絵島も天英院もその1人です。しかし、ピラミッド型の身分社会である大奥においては、誰かの理想を実現するにあたって、多くの血が流れることもあり得たのです。

彼女たちの時代の後の大奥では、側室でも将軍生母となれば、御台所の地位を脅かしうる権力を握るという慣例は影を潜めていきました。これは、天英院が定めた方針だったそうです。

孝謙天皇が女帝となるまでの〝血なまぐさい〟道のり

異様な存在感を放つ女帝・孝謙天皇が生まれたのは養老2（718）年のこと。聖《しょう》武《む》天皇と藤原光明子《こうみょうし》（のちの光明皇后）の皇女です。

異母弟・安積《あさか》親王を差し置き、史上初にして現在までの日本史の中で唯一の「女性皇太子」となった彼女が、母親とその実家の計画通り、天皇に即位するのは天平勝宝元（749）年のこと。しかし、即位までの道のりは平坦ではありませんでした。

孝謙天皇が即位できたのは、権力欲に燃える当時の藤原家の後押しを受けていたからです。

聖武天皇の妻である光明子と県犬養広刀自《あがたのいぬかいのひろとじ》は、一時期、争うように内親王や皇子を続けざまに授かっていきました。もはや「女の戦争」です。県犬養広刀自が井上内親王を授かった後に、光明子が産んだのが阿倍内親王――のちの孝謙天皇です。

しかし、その直後に県犬養広刀自も再度懐妊、生まれたのが不破《ふわ》内親王です。ここで光明子がすかさずまたもや懐妊、そして生まれたのが基王《もといおう》です。聖武天皇最初の皇子でした。

ところがその後、県犬養広刀自も後を追いかけるように安積親王、つまり皇子を産んでいるのです。

光明子が産んだ皇子・基王は、1年にも満たない短い命で世を去りました。藤原家にとっては大きな落胆だったと思います。光明子の産んだ中で生き残ったのは阿倍内親王、つまり皇女だけでしたから。

ここで光明子の実家・藤原家は、方針を切り替えます。皇子を授かることをいったんあきらめた彼らが次に目指したのは、皇室のルールのねじ曲げでした。**慣例に反し、皇族出身ではない光明子を、皇后位につかせようとし始めた**のです。

冤罪極まる「長屋王の変」はこうして起きた

しかし、このなりふり構わぬ藤原家のやり方に大きな反発が起きました。それは、皇族出身で、当時の有力政治家・長屋王《ながやおう》たちによる抵抗でした。天皇が突然崩御し、他に適格な後継者が見つからない場合には、皇后が女帝として即位する可能性も当時は多々あり、皇族出身ではない藤原光明子を皇后にするのは「あり得ない」「許せない」とする反対論が根強くなって当然のことだったのです。

長屋王の主張が正論であるほど、藤原家にとって彼は目の上のたんこぶでした。藤原家の次の手は、**長屋王に「皇室を呪詛《じゅそ》していた」と無実の罪を被せた**のです。

長屋王は、その身分の高さや皇室からの信頼の厚さを背景に、たとえば暑い夏でも氷室《ひむろ》から出した氷で冷やした酒を飲むなど、それは贅沢な暮らしをしており、うらやまれていたことは事実です。しかし呪詛の罪はまったくの濡れ衣でした。

こうして藤原家は、冤罪を着せられたことを恥じた長屋王と妃たちもろとも、自害に追い込んでしまったのです。

「長屋王の呪い」が藤原家に襲いかかる

このような血で血を洗うかのような抗争の結果、光明子は日本史上、最初の皇族出身ではない皇后となれましたが……、藤原家には長屋王の呪いを感じさせる不幸が相次ぎます。

その中には、光明皇后の兄たちが4人とも相次いで流行り病によって病死したことがふくまれます。強気な光明皇后もこのときばかりは「寝膳《しんぜん》安からず」……寝食もままならないほどのノイローゼにおちいりました。もともとデリケートだった聖武天皇はさらに神経質になっていたといいます（『続紀』）。

長屋王の呪いを過敏に恐れる両親の姿は、当時思春期の阿倍内親王に影を落としたことでしょう。そんなに呪いが怖いのなら、えげつないことは最初からやめておけばいいのに、という理屈が通る空気は当時、野心に燃える藤原家にはあり得ませんでした。

異母弟・安積親王を差し置き、初の女性皇太子となった彼女が、母親とその実家の計画通り、天皇に即位したのが、最初にお話ししたように天平勝宝元（749）年のことだったのです。

孝謙天皇即位の裏で、不遇な道を歩かされた2人の内親王

一方、県犬養広刀自が産んだ井上内親王・不破内親王という2人の内親王たちはどうなってしまったのでしょうか？　彼女たちは、女性天皇として即位できた孝謙天皇

に比べると、極めて不遇な人生を歩むこととなりました。

井上内親王は**わずか5歳にして伊勢神宮に斎宮として送られる**ことになり、そこで約20年間を過ごします。祈りの日々を送る斎宮は、朝廷にとって必要不可欠な存在です。しかし、阿倍内親王よりも先に生まれた井上内親王を、朝廷から遠ざけておきたい藤原家の意図が背景にあるのは明らかですから、一種の流罪のようなものです。

ちなみに斎宮は重病になるか、天皇が崩御、もしくは退位するまでは伊勢にとどまっていなくてはならないとされていました。

一方、宮廷周辺にとどまることが許された不破内親王ですが、他ならぬ光明皇后から愛娘・阿倍内親王への脅威と見なされ、なんと**内親王位を剝奪されてしまう**というひどい目に遭っています。天皇の娘として公式には認められない地位に落とされてしまったのです。

孝謙天皇として即位した阿倍内親王は、そんな異母姉妹たちはもちろん、その母・県犬養広刀自からも憎まれているという……いや、もっといえば彼女たちからの「呪い」に日々、さらされながら成長しなくてはならなかったのでした。彼女たちの運命の、なんと奇妙で残酷なことでしょうか。

「日野富子＝悪女」像を作り上げたのは、後世の人物だった？

日本史最大の悪女の1人とされる日野富子《ひのとみこ》。伝承どころか、信頼できる一次史料でも彼女を悪女と認定できそうな要素が山ほど見つかる人物ではありません。しかし筆者には、彼女は生まれながらの悪女というより、「悪女にならざるをえなかった」女性であると思えてならないのです。

乳母と関係を持つ夫との、不幸な結婚

彼女が悪女になった理由として、まず足利義政との不幸な結婚生活について語らねばならないでしょう。**義政は結婚前から、自分の乳母だった今参局《いままいりのつぼね》という女性と熱愛関係にありました。**乳母が自分の育てた若君が年頃になれば、実技を含めた性教育をほどこし、その後も深い関係であり続け、結果的に乳母が若君の子どもを産んでし

まうということすら、当時の上流階級では珍しいことではありませんでした。

しかし、代々将軍家に正室を出すことになっていた公家の名門・日野家から嫁いできた富子に、夫・義政とその乳母・今参局の親密すぎる関係は不快なものだったろうと思われます。

それでも強運の持ち主である富子は義政との間に、今参局をふくむ側室たちに先んじて長男を授かりますが、その長男は夭逝《ようせい》。

ところが**富子は、息子の死は今参局に呪いをかけられたためだと主張し、今参局は流罪になる最中、謎の死を遂げています。**

富子はその後、再度懐妊。義尚《よしひさ》が生まれます。夫のような人間にしたくないと、息子の教育にはこだわりました。しかし……ちゃんと育てたつもりなのに義尚は見事に不良化。父親と愛人女性を取り合うとか、若くしてアルコール依存症になるとか、さんざんな生き方で富子を嘆かせたあげく、25歳の若さで世を去りました。

義尚の死因は、深酒のためとも荒淫のためともいわれていますが、これは当時の上流社会の宿痾《しゅくあ》ですね。のちにポルトガル人宣教師ルイス・フロイスも驚いたように、深酒している姿を見せることが相手への信頼のように振る舞う日本人の独特さはこの頃からすでにありました。「もう飲めない」という相手に酒をしつこく勧めるのも当時ですでに日本人の酒席の「礼儀」だったそうで、富子の息子・義尚はこういう空気の中で破滅させられていったのかもしれません。ちなみに室町時代の酒宴では、面白おかしく嘔吐《おうと》してみせることが当座会《とうざのえ》と呼ばれ、宴会芸のひとつとして喜ばれたという記録まで残されています。

しかし、義尚は「御容顔いとも美しく、すきのない玉の御姿」、つまり欠点などない美形だとうたわれ、富子も彼を愛し続けていたと思います。いくら不良とはいえ、もとは自分の腹を痛めて産み、一生懸命育ててきたつもりの息子です。そのあまりに早い死を悲しみ、富子は大声をあげて泣きました。

時の帝その人との、前代未聞の驚愕の不倫愛

日野富子が「悪女」といわれるもうひとつの理由に、後土御門《ごつちみかど》天皇との不倫愛がありますね。

「応仁の乱（1467〜1477年）」の最中のことです。

天皇の御所すら焼け落ちてしまったので、富子と義政が暮らす屋敷に後土御門天皇を疎開させるようなかたちで迎え入れたのですが、富子と後土御門天皇の親密さは日

にあるほどでした。

たとえば天皇に付いてきた女官たちが書いた当時の『御湯殿上日記《おゆどののうえのにっき》』には、**天皇が風呂上がりの富子を近くに呼んで、くっついていた**という話すら見られます。

義政がこうした不倫に怒って屋敷を飛び出すと、天皇が疑惑を否定するハメになったり、**日野富子の侍女が「天皇の恋愛相手は私です」とわざわざ名乗りをあげたりする事態**ともなりました。

しかし、年下の天皇とこのような親密な関係を持ったのも、幕府の権勢がこれ以上なく低下したとき、自分が生き抜くための保険だったような気がします。

富子は権力欲と金銭欲がものすごい女だったとされますが、それも己の身を守っていくための防衛本能だったのではないかと筆者には思われるのですね。

しかし、「愛するわが子・足利義尚を次の将軍にしたいがあまり、応仁の乱まで引き起こしてしまった」という説だけは、事実ではないことが近年強調されるようになりました。

「応仁の乱」を引き起こしたのは、本当に日野富子か？

応仁元（１４６７）年に勃発し、約10年間にもわたって続き、京の都の周辺を焦土にしてしまった内乱「応仁の乱」。この乱のおかげで、平安時代初期以来の貴重な文化遺産の多くが灰になってしまいました。今日残されている当時、もしくはそれ以前の史料が限定的なのも、この乱を抜きにしては考えられません。

この乱の原因をもっとも簡潔にいえば、それは室町幕府将軍の足利家、さらに管領《かんれい》といわれる政務最高責任者の畠山《はたけやま》・斯波《しば》の2家の相続問題が、武力抗争にまで発展してしまったこと。

ここに直接は関係のない勢力が入り乱れ、最終的には細川家と山名《やまな》家をリーダーに掲げる大戦争になってしまいました。

従来では「悪女」日野富子が、自分の息子を無理にでも将軍にするためワガママを言ったことが応仁の乱の原因であるかのようにされてきましたが、それは歴史学者・家永遵嗣《いえながじゅんじ》氏によると間違いだそうです。

富子に濡れ衣を着せた「犯人」は、富子たちの時代よりも80～100年ほど後に書かれた、未完の軍記物語『応仁記《おうにんき》』の執筆者とのこと。

愛息・義尚を義政の次の将軍にするために、当時の有力武将・山名宗全《そうぜん》に富子が庇護してくれるよう依頼したというくだりは『応仁記』以外の史料には見られないのです。

山名宗全にあてて送った日野富子の手紙は熱心に文字を書き込みすぎていて、紙の地の色が見えないほど真っ黒だったというエピソードも、他の書物には出てきません。

確かに富子も、自分の息子が将軍位を父親から継いでくれればうれしかったでしょう。しかし、継承問題に執拗《しつよう》に介入したと記している当時の史料は見つかってはいないのです。

富子が悪女だというイメージをつける『応仁記』を書いたのは、**応仁の乱から100年後の細川家の周辺人物**だとする説があります。

つまり、その時代の細川家が、100年ほど前の自分の先祖が足利将軍家と不仲だった事実の隠蔽を目的として、富子1人を悪者にし、つまり濡れ衣をかぶせようとしていたということです。

応仁の乱の頃の細川家は、富子側とはもちろん、のちに足利将軍家の本流を継ぐことになる足利義視《よしみ》側とも対立することになりました。

しかしその後、約100年後の世代では時の将軍・足利義材《よしき》（足利義視の子）を熱心に補佐しているのが細川家でした。政治的に変節したわけです。

昔から「ウチは将軍家とは仲がよかった」ということにしたい細川家が、「我が子可愛さに理屈を曲げて戦まで起こしてしまった愚かな女・日野富子」像を作り出し、悪用してしまったというのです。

現代人の感覚では理解しがたい、室町時代の上流階級の人間関係。なれ合い重視の腐った人間関係の極致とでもいうべきでしょうか。室町幕府はその滅亡以前から末期的状況にあったのです。

「将軍の器」ではなさすぎた、徳川慶喜のご乱心

幕末、それも大政奉還の後の、鳥羽伏見《とばふしみ》の戦いは徳川家にとってもっとも重要な戦争であったはずです。しかし、それは慶応4（1868）年の1月3～6日という、ごくごく短期間の戦でした。それも突然といってよい印象で終わってしまっています。最後の将軍・徳川慶喜が側近を連れ、江戸に逃げ戻ってしまったからです。

大政奉還の時点での〝甘すぎたもくろみ〟

慶応3（1867）年10月14日に行なわれた「大政奉還」は、幕府が長年独占していた政治権力を朝廷に返したことだと教科書的には説明がなされます。

これには幕府にとって、二つの大きな目的がありました。

まずは「敵」である薩摩・長州らとの戦争を食い止めること。徳川宗家が朝廷から

徳川幕府最後の将軍となった第15代将軍・徳川慶喜

「政治権力を奪っている」将軍家でさえなくなれば、天皇の敵＝朝敵扱いされる恐れもありません。薩長が戦争をしかける意味は消えてなくなります。

もうひとつは、実際のところは朝廷から幕府は「政治権力を奪っている」どころか、いわば朝廷の有能な「代理店」として、日本を長年、仕切ってきた実績がありました。

ですから、その代理店のトップから唐突に「その資格は返します！　後はあなたがたでやってください！」といわれても朝廷側は困惑し、**慶喜を将軍もしくはそれに類する高い役職に（再）任命してくるであろうというもくろみがあった**からです。

実際、大政奉還をしても、慶喜は将軍位の辞退はしていません。また、朝廷側も重要案件は徳川慶喜に一任するというふうに事態は進んでいました。

ところが、大政奉還からわずか1カ月と少しでパワーバランスが崩れてしまいます。京都の御所で開かれた会議では、慶喜らがもくろんだ通りにはまったくコトは運びませんでした（都合の悪い内容になることを予想できた慶喜は「風邪」で欠席）。

しかも同年12月9日には出家から還俗《げんぞく》したばかりで、坊主頭に冠を無理矢理くっつけて参内《さんだい》してきた岩倉具視《いわくらともみ》が、徳川幕府に変わる朝廷主導の政治組織を作る案を打ち出します。のちに「王政復古《おうせいふっこ》の大号令」とされる事件です。

こうして将軍はおろか、朝廷でも摂政・関白などの要職が廃止され、総裁、議定《ぎじょう》、参与《きんよ》などからなる新政府が樹立されてしまうのです。驚くことに、そんな徳川家の想定を超える案が出たのみならず、その案がまかり通ってしまったのでした。

もちろん、**新政府の要人名簿に慶喜の名前はありませんでしたし、大政奉還したからには征夷大将軍の他に慶喜が保持していた右大臣の官位も返上が義務づけられ、徳川家の領地返納なども課されてしまいました。**

こうして、慶喜の将軍在位期間は、歴代将軍の中で最短の1年ほどということになってしまったのです。

大坂城での、誰も予想していなかった「まさかの行動」

慶喜は朝廷の決定に大いに憤《いきどお》ったようです。彼は二条城にこもり、その後は大坂城に無断で移動、連絡が途絶えます。こうして「鳥羽伏見の戦い」以降も長年続くことになる、新政府軍と旧幕府軍の激突が始まったのでした。

この時点では慶喜にもまだ、いくつかの勝利のためのシナリオがあったはずです。ところが……状況はまたもうまくは進みませんでした。城内は混乱の極みにありました。慶喜を捕え、禁錮《きんこ》し、朝廷にいい顔をしようという家老が出たり、あるいは城内で自害する者も出ました。

さらには有力大名・藤堂家の裏切りなどもあり、戦況のよくないことが確実になってきた慶応4（1868）年1月6日の夜に、徳川慶喜は大坂城内で諸隊の隊長たちを集め、「たとえ千騎没して一騎となるといえども退くべからず（要約＝たとえ自分1人になっても戦い抜くのだ）」との演説を行ない、兵たちを励まします。

しかし……その舌の根も乾かぬうちの同日深夜、**慶喜は松平容保とその弟、さらには幕府の閣僚など側近中の側近たちを呼びつけ、反対する者も拉致監禁するような形で江戸に連れ帰る**という驚愕の行動を起こします。大政奉還にも反対であり、絶対にそんなことは許すわけがない強硬派・会津藩の松平容保には、最初はその弟を通じて意思を伝えるという実に姑息《こそく》な手はずをとりました。

容保は反論しますが、口が達者すぎる慶喜に抑え込まれ、**「愛撫せる我が将士を捨てて（容保も）涙を呑んで東下（江戸に逃亡）に陪従せり（『会津戊辰戦史』）」……つまり愛する部下を涙を呑んで見捨て、慶喜とともに軍艦に乗り込むことになったそ**うです。

江戸への軍艦に同乗させていた〝予想外の存在〟

容保の回想録によると、戦艦に乗り込んだ慶喜は、前将軍が突然現われて驚愕している軍艦関係者をヨソに船長室を占領。彼の他にも個室が必要な貴人たちが乗り込んできたため、軍艦関係者たちは居場所に困るほどでした。

そこまでしても慶喜にとっては「江戸に逃げ帰ること」が一番大きな目的だったのです。

そして出港してまもなくのことでした。「事件」が起きています。松平容保側の証言によると「さて御船中御座所（慶喜居室）に始めは小児の声致し候と（容保は）思召し候ところ、後には婦人姿を現し、承れば御侍妾《ごじしょう》の由」（『浅羽忠之助筆記』、『会津戊辰戦争史料集』内）……上様の部屋から子どものような声が聞こえてきたとのことで、松平が見に行くと、そこには慶喜の愛妾がいたそうな。

上様は自分の兵は見捨てても、愛妾だけは連れてきたのだ……船内の空気は荒れます。実際のところ、愛妾は騒ぎを聞きつけ、許可されていないのに単独で乗り込んできたそうですが……このような喜劇めいた顛末《てんまつ》をへて、元将軍と妾と幕府要人たちは江戸に旅立ちました。

兵を捨てたのに妾は同行させる慶喜の姿に**「あの女を斬れ」**と息巻く者もおり、おりしも紀州大島を過ぎたあたりから、風が強くなり、船内、船外ともに大荒れの状態となりました。操縦士も沈むなら沈めとやけくそになって舵《かじ》を切ったそうです。幸か不幸か……慶喜ら一行は出発の翌7日、午後6時40分に浦賀港に到着しました。

兵たちの心が「徳川」から一気に離れた瞬間

慶喜が大坂城内の「御用部屋」からいなくなった事実は当初、内々に秘められていました。しかし、そんなことをずっと隠しておけるワケがありません。

当初、**主のいなくなった御用部屋に入った部下たちが見たのは、散乱する書類、ほったらかされた護身用のピストル**……そして四角い風呂敷包みの中の折詰に大事そうに包まれたままの、カモ肉の切り身に青菜、そして切り餅をたっぷり入れた「雑煮」だったそうです。

放置されたご馳走を「もったいないから」とヤケを起こした家臣たちが夜食がわりに食べ、その横では、慶喜がほったらかした書類の山を、家臣たちが片づけるという光景の異様さは、いっそ滑稽なほどです。

藩主を失っても会津・桑名の両藩士たちは血気盛んに最後の一戦を主張しますが、大多数の者は、戦意を完全喪失し、どうやって江戸に帰るかで大激論が起こりました。帰途ではもう、何の役にも立たなくなった先祖伝来の武具や馬を投げ売りしてでも、その場の食事や宿を取ろうとする武将たちが相次いだそうです（『南紀徳川史』第四冊）。兵たちの心は、着実に徳川から離れようとしていました。

新政府軍を呆れ返らせた、慶喜の行動

敵方にも慶喜の行動は驚愕を呼び、軽蔑をもって受け止められてしまいました。

慶喜は江戸城大奥に将軍になってから初めて入り、朝廷にパイプのある天璋院篤姫《てんしょういんあつひめ》（薩摩藩主・島津家および近衛家の養女）や和宮（孝明天皇の妹）に、**「自分は責任をとって引退する。官軍（＝新政府軍）の差し向けは辞めてほしい。徳川家は存続できるように頼んでほしい」**と、厚かましい願いを伝えています。和宮は母方の実家である京都の公家の橋本家に直筆の手紙を送り、切々と訴えました。

「何とぞ私への御憐愍《ごれんびん》と思し召され、汚名を雪《そそ》ぎ、家名相立ち候よう私身命にかえ願い上げ参らせ候（『静寛院宮御日記』）」……どうか、私を哀れんで願いをお聞き届けください。徳川家の名誉のために命をかけ、お願い申し上げますという大意です。

しかし新政府側の大久保利通《おおくぼとしみち》（当時、大久保一蔵）は、慶喜について**「あほらし沙汰の限り（略）退隠くらいをもって謝罪などますます愚弄」**（2月16日付、薩摩藩庁宛の手紙）と一喝しています。

この大久保の手紙の文意は、「例の鳥羽伏見の戦いで、慶喜は逃げ帰った。それでも慶喜は新政府に武力で歯向かった旧・幕府の長だ。その罪がたかだか引退するくらいで許されると思うのか、馬鹿め！」ということですね。

静岡での30年にわたる隠居生活

周囲の混乱をヨソに、慶喜本人は上野寛永寺での謹慎生活に入りました。

そして西郷隆盛と勝海舟の会談の結果、江戸城の無血開城が実現した後は、大勢いた側室に暇を出し（軍艦に勝手に乗り込んできた例の女性もふくめ）、たった2人の側室だけを連れ、家康公ゆかりの静岡での30年にもおよぶ隠居生活に入っています。

30年の間に彼が静岡を出たのは、母親の病中見舞いなどを含め、わずか3回ほどでした。

慶喜は始祖・家康以来の徳川の隠遁《いんとん》地、静岡で暮らし続けました。禄を失った家臣たちが食うために農民として畑を耕している真横で、一番好きだったという趣味のカメラ撮影に興じている彼の姿が何度も目撃されています。最後まで、彼は変わらないままだったようですね。

慶喜は人間として決して悪い人物ではなかったようです。しかし、他に適格者がおらず、彼が将軍にならざるを得なかった時代に生まれたのは臣下にとっても、その他大勢の日本人にとっても恐ろしい不幸だったといえるでしょう。

幕末最大のミステリー「孝明天皇暗殺説」の真実

幕末史の大きな転換点となったとされるのが、慶応２（１８６７）年12月25日の孝《こう》明《めい》天皇の死です。

孝明天皇は、外国の侵攻を憂慮しつつ、幕府と朝廷が以前よりも強く手を結び、協力し合いながら政治を行なっていくことを強く望んでいました。つまり「公武合体」です。そのために妹・和宮を14代将軍・家茂に嫁がせるなど、名実ともに体制を整えていったのです。

幕府は弱体化していましたが、それを倒し、朝廷を中心とした政治組織を新たに作るには時期尚早。そんなことをしたら、国民が旧幕軍と新政府軍の抗争に巻き込まれてしまいますし、そこに外国勢力が付け入ってくることは目に見えています。

孝明天皇が長生きしてにらみをきかせてくれていれば、徳川幕府の崩壊は避けられなかったにしても、もう少し穏やかなペースで「維新」は進み、反動も小さかった可能性があるように思われるのですが……。

孝明天皇の死因は天然痘？　盛られた毒？

しかし、事態は孝明天皇が望んだようにはスムーズには進みませんでした。慶応2（1866）年7月20日、将軍・家茂が満20歳の若さで死去……それも幕府の意向に反する長州との戦争（第二次長州征伐）中という、最悪のタイミングの死によって、公武合体策が完全に行き詰まったかのように見えた半年ほどの後、孝明天皇本人までが突然の死を遂げてしまったのです。

それゆえ、**「孝明天皇は毒殺された」**というまがまがしい噂が、現在でも生き残っているのでしょう。典医の発表からは、天皇は痘瘡《とうそう》（天然痘《てんねんとう》）に感染したものの、一時期はかなり回復を見せていたのに、突然に崩御《ほうぎょ》したという印象があります。こういう事態はその表面だけとらえれば、確かに異常事態であったと思われますね。

しかし、天皇の死を、いずれかのタイミングで毒を盛られたことによる急性砒《ひ》素《そ》中毒とするのは難しい、というのが筆者の判断です。

「ある日、私は愛知県衛生研究所に所長磯村思无《しん》博士を訪ねた。（略）私は、天皇の急性砒素中毒症状の根拠とされている史料を同氏に示した。氏は、笑いながら答えた。**これらの大部分は、重症感染症の病気の末期に共通してあらわれるもので、急性砒素中毒症特有のものとするのは無理です**」（原口清「医学と歴史学」）

……本書は医学の本ではないので、これ以上の言及は避けますが、磯村博士の言葉にすべてが集約されているように思われます。

ここからは、毒殺説から病死説に転換した原口清による論文「孝明天皇の死因について」などをベースに、なぜ、毒殺説がいまだに根強いのかといった問題について、考えられるところをお話ししていきたいと思います。

「天然痘」の種痘を拒否していた孝明天皇

天然痘が日本に入ってきたのは8世紀の頃。それ以降、死をもたらす、もしくは生き残っても痘痕が体中に残って容貌が損なわれてしまう恐ろしい病であり続けましたが、医学の進展とともに1970年代を最後に、世界中で根絶されたといいます。

ちなみに日本でも開国直後から、つまり19世紀中盤頃から天然痘の種痘（現在でいうワクチン接種）は行なわれ始めていました。

一般的にひどく保守的だと思われがちな当時の朝廷の人々の間でも、実は熱心に種痘は行なわれており、たとえば明治天皇や、のちに彼の皇后となる一条美子《いちじょうはるこ》らは幼い頃に種痘を済ませていました。

ただし……**孝明天皇は断固として異国の技術・種痘を受けようとしませんでした。**自らのこの決断を孝明天皇は、死の床で悔やんだと思います。

「毒殺説」はこうして巷間で囁かれた

天然痘に感染したとき、孝明天皇はまだ36歳で健康が自慢でした。天皇と幼少時代から親交のあった東久世《ひがしくぜ》通禧《みちとみ》によると、「まづ活発なお方でお体格も非常なもの」であり、肖像画の細面のイメージからは想像できにくいかもしれませんが、周囲が驚いたのは無理もありません。

このため、死の直後から巻き起こった暗殺説は宮廷内でうずまくばかりでなく、庶民の耳にまで届いてしまっていました。

孝明天皇崩御が公表された慶応3（1867）年2月の兵庫港で、英国の外交官アーネスト・サトウは、日本の貿易商数名の口から奇怪な噂を聞いています。

「噂によれば、天皇《ミカド》は天然痘にかかって死んだということだが、数年後に、その間の消息によく通じている一日本人が私に確言したところによると、毒殺されたのだという。この天皇は、外国人に対していかなる譲歩をなすことにも、断固として反対してきた。そのために、きたるべき幕府の崩壊によって、否が応でも朝廷が西欧諸国と直接の関係に当面しなければならなくなるのを予見した人々に殺されたというのだ」
(アーネスト・サトウ『一外交官の見た明治維新 上』)

「岩倉具視=暗殺の黒幕説」を覆す、これだけの証拠

しかし、天皇は天然痘で亡くなったのだという結論に達した、原口清の論文「孝明天皇の死因について」(『原口清著作集2』)を参照すると、**すべての元凶は典医《てんい》団によるコメントの発表の文言をはじめ、朝廷の対応に致命的な問題があった**ことから生まれた誤解だと思われてなりません。

まず、孝明天皇崩御の段階において、天皇毒殺の黒幕とされがちな岩倉具視《いわくらともみ》も、孝明天皇と政治思想が大きく離れてはいませんでした。確かに当時、岩倉具視は天皇の命で官職を辞し、蟄居謹慎《ちっきょきんしん》、さらには出家までおおせつかってしまいました。

天皇の義弟で、侍従をしていた中山忠光《なかやまただみつ》という17歳の青年公家が、おそらくは精神的な疾患から岩倉を目の敵にし、**「孝明天皇が暗殺されそうだから、岩倉を討たねばならない」**とまで大々的に騒ぎ出していたことが大きな理由のようです。

土佐藩の武市半平太《たけちはんぺいた》（武市瑞山《ずいざん》）のもとを中山が訪ね、岩倉暗殺への協力を願ったのが文久2（1862）年9月8日のこと。武市は困惑し、知り合いの公卿に彼について聞いてみたところ、中山の噂はよくなかったようで、結果的には中山を適当になだめています。

ところが、中山はその後も暗殺をあきらめず、しつこく岩倉に敵意をむき出しにし続けました。中山に恨まれてしまった岩倉こそ災難でした。若くても中山は身分がかなり高いのです。中山の姉は孝明天皇のいわば側室で、のちに明治天皇になる皇子を産んでいます。岩倉は身分の高い中山の脅迫に屈し、出家させられてしまいました。

そういうたぐいの悪い噂を、有力者の縁者から盛大に立てられてしまえば、もはやあきらめるしかないのが、ごく狭い人間関係を基本としている当時の宮廷社会の恐ろしさなのです。

ちなみに、この当時の岩倉具視は倒幕派ではなく、公武合体派でした。そもそも孝明天皇は、岩倉具視の意見を聞いた上で、自分の妹の和宮を徳川家茂に嫁がせようと決心したといわれているくらいです。

岩倉が、さほど高くはない身分の公家である自分を引き上げてくれた孝明天皇を殺そうとしたとは思えませんし、それは後ろ盾を失ってしまう行為でしょう。**岩倉は孝明天皇が亡くなったと聞いたとき、「自分ももう終わりだ」と思った**と、後年語っていますから。

孝明天皇が天然痘に〝感染したルート〟は？

それでは孝明天皇の死の真相は……というと、やはり悪性の天然痘による死だったと筆者も考えます。というか、それ以外の説は本来、成立し得ないはずなのです。

それまで風邪もほとんど引いたことがないくらいに元気だった孝明天皇の体調に変化が起きたのは慶応2（1866）年12月11日。

12月11日は御所の内侍所にて「臨時（ノ）御神楽」なる行事がありましたが、典医たちは天皇が「感冒《かんぼう》」で体調不良であるため、出席を止めるよう進言しました。しかし、天皇は「（病気を）押テ出御」し、途中退席しています。そして急速に天皇の体調は悪化していきました。

12日から高熱が出始め、13日には床に伏すことになりました。15日、怪しい発疹が肌に現われ、17日、ついに典医たちは天皇の病が痘瘡、天然痘であることを認めざるを得なくなります。

歴史読み物のたぐいでは、感染経路がわからないといわれがちですが、**当時の史料からは藤丸と呼ばれていた雑用係・稚児《ちご》の少年が天然痘にかかり、10日に復職してきていた**ことが読み取れます。朝廷内では藤丸と孝明天皇しか、感染力を持っているとされる天然痘にかからなかったのは不可思議と思うかもしれません。

このときも、他に目立った感染者はなかったようですが、孝明天皇の周辺にはひそかに天然痘の種痘を済ませていたケースが多かったのかもしれません。

ちなみに江戸時代、天然痘で天皇が亡くなった例は他にもあります。後光明《ごこうみょう》天皇が承応3（1654）年、天然痘のため22歳で崩御。こちらのケースも突然の死が災いし、同じように毒殺説が出ました。つまり**天皇が急死すると、必ずといってよいほど毒殺説が流されるという傾向**がありました。

なお、孝明天皇は、健康なときには毎日、和歌の指導を通じて面会していた皇子（のちの明治天皇）に痘瘡を感染させてしまったのではないかと危惧していましたが、皇子がすでに種痘を済ませていたことを伝えられ、安堵の表情を浮かべたそうです。

史料から孝明天皇の死の真相を読み解く

典医団が発表した天皇の病状の推移は、レポートに相当する「御容態書」を読めばわかるはずだと読者は思われるでしょう。

しかし、そうともいえない難しさがあるのです。この「御容態書」の発表の文言がまずかったのに加え、当時の朝廷関係者のいわゆる「御所言葉」の裏の意味までは、十分に考えられてはいないことが、孝明天皇の毒殺説が今日まで語られてしまった理由だと筆者は考えています。

天皇が天然痘だと公表された慶応2（1866）年12月17日の時点で、すでに本当の病状と、発表された病状には大きなズレがありました。

この日、和宮の義父で、つまり天皇にとっては親族にあたる公卿の中山忠能《なかやまただやす》は病床の天皇を見舞っています。そして、典医から得た情報として「御色も御宜しき由」（『中山忠能日記』）と書いているのですが、これは顔色ではなく天然痘の発疹の色のことです。発疹の色が紫になるのは危険のサインでした。

しかし……この日、典医団は天皇の側室にあたり、のちに明治天皇となる皇子を出産している中山慶子《なかやまよしこ》には真実を告げる手紙を送っています。

「御出物は大分沢山御毒深く少々御たち宜しからず」……**疱瘡の発疹の数が多すぎる、しかも「たち」が悪い＝悪性であると**彼女には報告しているのです。天然痘では発疹の数が多ければ多いほど命の危険がありました。ごく少数の関係者だけが天皇の病の真相を知らされたのです。噂を避けるためでしょうね。

翌18日夜から、「御痘色二三か処計御紫色」……つまり**天皇の発疹は、数ヶ所にせよ、危険な紫色を示し始めています**。発疹が紫～黒になる症状は、天然痘の症例では悪性で、極めて致死率の高い症状と当時から見なされていました。

また19日早朝2時、および午後8時頃に下血が見られました。これも悪性の天然痘の典型的症状です。

しかし、ここで奇妙ともいえる発表を典医団はしてしまいます。この天皇が危篤におちいった18日夜から19日の夜にかけて、典医の発表した「御容態書」には、こんな言葉が並んでいるのです。

「至極御静謐」「何の御申分も不被為在」「益御機嫌能く」……これらの部分を「誤読」しているから、毒殺説の根拠となる「一時は病気がよくなってきていたのに、その後急激に悪化した」という解釈が生まれるのでしょうね。

特に注目されるのは、「至極御静謐」や「御機嫌能く」の解釈です。「御静謐」なのは、気を失うように寝ていても静かなわけで、実はすこぶる曖昧《あいまい》な表現のはずです。「何の御中分も」ないとは、**「言えることがない」**、つまりノーコメントだったというだけの意味でしょう。

「御機嫌能く」は、事情を知らなければもっとも誤読されそうです。

実は「とりわけ言うこともない」とは、つまり世間に対してポジティブなことを言える状態でなければ「機嫌がよい」と他者に表現されてしまうのは、当時の京都の上流階級の「お約束」なのです。

皇族の「ご様子」を記す際の言葉選びが招いた誤解

孝明天皇の妹・和宮に仕える女官が書いた『静寛院宮御側日記』を例にとって説明しましょう。文久元（1861）年11月22日、和宮の乗った輿《こし》はついに京都を発ち、江戸に向かいます。

和宮が関東下向を決めたのは、肉親に処罰が下るかもしれないと脅迫された側面もあったためで（複数の証言あり）、とても乗り気とはいえない状態でした。江戸城大奥に入るのですから、京都には二度と戻れない可能性もありました。出発時の彼女のテンションはおそらく最低で、涙を浮かべたり、ぐったりもしていたのではないかと推察されます。

しかし、この日の『静寛院宮御側日記』も「宮様御機嫌よし今日御発輿に（大意：出発の日の和宮様は御機嫌がよろしい）」……と始まっています。

つまり、和宮の兄・孝明天皇の場合もこれらの「益御機嫌能く」などの文言をもって「よくなってきていた」と考えるのは、おそらく事実とは違うわけです。**150年ほど前の独特すぎるこの手の御所風の言葉の選び方が、現在ではまったく考慮されていないのが、孝明天皇暗殺説の唱えられる理由**といえるでしょう。

また、これは推論ですが、天皇の病状が助かるか亡くなるか、どちらに進むかの瀬戸際だったのが18日夜から19日の夜にかけての24時間だったのだと思います。**いたずらに死の可能性をにおわせたくなかった典医団は公式発表に、祈りをこめ、「至極御静謐」などという言葉を使ったのでしょう。**

「病気」ひとつにすら、意味づけをされかねなかった時代

天皇は罹《り》患《かん》する病気ひとつについても、過剰な意味が見出されてしまいました。

特に天然痘のように身体中から「脱血」して死に至るようなむごたらしい病状の出る病気は、主君として行ないが不適切ではなかったとか、天から罰せられたとかいう意味を勝手に持たされがちでした。

妹・和宮が徳川家茂に嫁ぎ、将軍が義弟となった孝明天皇は、江戸時代の帝の中では珍しいほど強い権力を持つことができました。活発に攘夷を推進させたり、倒幕を考える者たちは罰するなど、とにかく明確なスタンスを表明していました。

その**天皇がひどい苦しみをともなう病気になってしまうことは、彼の言動が誤りだと天が判断したとの意味になりかねず、朝廷の今後に大影響が出る**……という「流れ」が予想されました。典医たちは、それを食い止めたかったのであろうと思われます。

しかし高貴な人の病気＝悪事をなし、「ケガレ」を得たことによる天罰というものの見方は現在ではほぼ消えているため、彼らの発言の文字面だけが生き残り、真に意味したいところは無視されてしまっている……それが現在でも「孝明天皇暗殺説」が生き残っている背景だと思われます。

【参考文献】

『秀吉を拒んだ女たち』楠戸義昭、『呪いと日本人』小松和彦、『現代語訳　信長公記』太田牛一著、『戦国武将のカルテ』篠田達明（以上、KADOKAWA）／『将門記を読む　歴史と古典』川尻秋生編、『犬と鷹の江戸時代　〈犬公方〉綱吉と〈鷹将軍〉吉宗』根崎光男、『応仁・文明の乱　戦争の日本史9』石田晴男（以上、吉川弘文館）／『新選組100話』鈴木亨、『怨霊とは何か　菅原道真・平将門・崇徳院』山田雄司、『鳥羽伏見の戦い』野口武彦（以上、中央公論新社）／『悪霊列伝』永井路子、『続　悪霊列伝』永井路子、『明治天皇 上巻』ドナルド・キーン（以上、新潮社）／『戦国武将怖い話、意外な話』楠戸義昭、『戦国武将の「怖い話」』楠戸義昭（以上、三笠書房）／『馬場あき子全集　第4巻　古典評論』馬場あき子（三一書房）／『静寛院宮御日記　下』正親町公和編（皇朝秘笈刊行会）／『真田四代と信繁』丸島和洋（平凡社）／『狂気と王権』井上章一（紀伊國屋書店）／『大坂冬の陣夏の陣』岡本良一（創元社）／『将軍が撮った明治　徳川慶喜公撮影写真集』徳川慶喜（朝日新聞社）／『王政復古への道　原口清著作集2』原口清（岩田書院）／『天草四郎の正体』吉村豊雄（洋泉社）／『江戸奇談怪談集』須永朝彦・編訳（筑摩書房）／『中世日本の予言書〈未来記〉を読む』小峯和明（岩波書店）／『ワールド・ミステリー・ツアー13　4東京篇』（同朋舎）／『妖怪と怨霊の日本史』田中聡（集英社）

本書は、本文庫のために書き下ろされたものです。

本当《ほんとう》は怖《こわ》い日本史《にほんし》

著者　堀江宏樹（ほりえ・ひろき）

発行者　押鐘太陽

発行所　株式会社三笠書房

〒102-0072 東京都千代田区飯田橋3-3-1

電話　03-5226-5734（営業部）03-5226-5731（編集部）

http://www.mikasashobo.co.jp

印刷　誠宏印刷

製本　ナショナル製本

ISBN978-4-8379-6835-1 C0130

王様文庫

王様文庫

本当は怖い世界史

堀江宏樹

愛憎・欲望・権力・迷信……こうして、歴史は動いてしまう。●処女王・エリザベス1世の夢は、夜遅くひらく●ガンジーが偉人であり続けるために〝隠していた秘密〟●ナポレオンもヒトラーも狂わされた「聖遺物」の真実――人間の本質は、いつの時代も変わらない！

日本史ミステリー

博学面白倶楽部

「あの大事件・人物」の謎、奇跡、伝説――「まさか」があるから、歴史は面白い！●最後の勘定奉行に疑惑あり！「徳川埋蔵金」のゆくえ●今なお続く奇習が伝える、平家の落人の秘密●あの武将も、あの政略結婚も〝替え玉〟だった……衝撃と驚愕が迫る！

眠れないほど面白い『古事記』

由良弥生

意外な展開の連続で目が離せない！「大人の神話集」！●【天上界vs.地上界】出雲の神々が立てた〝お色気大作戦〟●【恐妻家】嫉妬深い妻から逃れようと〝家出した〟神様●【日本版シンデレラ】牛飼いに身をやつした皇子たちの成功物語……読み始めたらもう、やめられない！

K30427